张雪华　著

会计师事务所转制
对审计质量的影响研究

EFFECTS OF THE TRANSFORMATION
OF ACCOUNTING FIRMS' ORGANIZATIONAL
FORM ON AUDIT QUALITY

社会科学文献出版社
SOCIAL SCIENCES ACADEMIC PRESS (CHINA)

摘　要

　　本书以我国财政部推动会计师事务所组织形式改为特殊普通合伙制的自然实验为契机，探索审计师法律责任变化对审计质量的影响机制，在此基础上，进一步考察事务所转制对不同审计师审计质量的影响规律，最后归纳出审计师的行为规律，一方面检验事务所转制的政策效果，另一方面可以为监管部门加强后续监管提供政策建议，为事务所解决新问题提供理论指导。本书可能的贡献主要体现在以下几个方面。

　　首先，有别于过去的文献，本书将事务所转制前后所审计的同一批上市公司作为研究样本，从审计意见、盈余管理和会计稳健性三个角度全面考察了事务所转制对审计质量的总体影响。实证结果发现，事务所转变为特殊普通合伙制后，发表非标准意见的概率更高，盈余管理程度降低，会计稳健性更高。监管部门推动的事务所转制，提高了资本市场的审计质量。

　　其次，在研究事务所转制对审计质量总体影响的基础上，进一步从会计稳健性视角分析事务所转制延伸至审计师个人层面时对审计质量的影响规律，分析面对事务所转制带来的法律风险变化时，不同审计师审计质量的变化。研究发现，事务所转为特殊普通合伙制后，客户公司的会计稳健性普遍提高，但不同审计师所审计的客户公司的会计稳健性的提高程度存在显著不同，当审计师为签字合伙人或具有本科及以上学历时，其所审计客户公司的会计稳健性的提高更加明显，而执业时间较长、年龄较大的审计师，其所审计客户公司的会计稳健性的提高相对不明显。进一步分析发现，造成这一结果的原因是不同审计师对风险的厌恶程度不同，面对事务所转制所带来的法律责任变化，其审计行为存在显著差异。

再次，在研究事务所转制对审计质量总体影响的基础上，从审计报告谨慎性的视角考察客户异质性对事务所转制政策效果的影响机制。一方面，检验事务所转制的政策效果是否受审计客户产权性质的影响。研究结果表明，事务所转制提高了审计报告的谨慎性，但主要是提高了十大会计师事务所审计报告的谨慎性。国有产权性质弱化了事务所转制对审计报告谨慎性的积极影响，与国有上市企业相比，非国有上市企业在事务所转制后被出具非标准审计意见的概率提高更多，审计报告激进度的降低幅度更大，而且事务所转制对审计报告谨慎性的积极作用随着国有持股比例的提高而降低。研究同时发现，事务所转制后，尽管国有上市企业审计报告的谨慎性提高幅度相对较小，但审计收费的增长幅度大于非国有上市企业。另一方面，进一步考察客户公司的法律风险，检验事务所转制对潜在诉讼风险不同的公司审计报告谨慎性的影响。研究发现，事务所转型为特殊普通合伙制之后，与低风险或者优质客户相比，高风险客户收到非标准审计意见的概率提高更多，审计报告激进度的降低幅度更大，这说明，事务所转制对高风险客户审计师的审计行为影响更大，高风险客户审计报告的谨慎性提高更多，客户的潜在诉讼风险水平对转制的经济后果产生了显著影响，转制增强了审计师对客户公司法律风险的识别度与控制度。

最后，以往文献通常将"转制组""未转制组"组成混合样本，在此基础上比较部分完成转制的事务所与未完成转制的事务所的审计质量，而与此不同，本书是在事务所全部完成转制后，从纵向研究事务所转制前后同一批审计客户的审计师行为和审计质量的变化。这种纵列数据模型的研究方法较好地解决了事务所转制时的样本自选择问题，而且该方法也有别于 DID 模型，不要求样本的独立同分布，为后续同话题研究提供了新的思路。

Abstract

This paper tries to explore the principles of how the transformation of accounting firms' organizational form affects the audit quality, based on the natural experiment promoted by the Ministry of Finance, which shifts accounting firms' organizational form to "special general partnership". Enlightened by the empirical results listed above, this paper, using the law liability's changes caused by the transformation of accounting firms' organizational form as the breakthrough point, then takes into consideration of the auditors with different individual characteristics (risk preferences), the risk of clients' litigation (financial distress) and the nature of the audit clients' property to make further studies on the influence mechanism of the transformation of accounting firms' organizational form on audit quality. The paper comes to the conclusion in the end of the regularities of auditors' behaviors as the law liability have changed by the transformation of accounting firms' organizational form. Therefore, on the one hand, this paper tests the economic consequences of the transformation of accounting firms' organizational form. On the other, the conclusions may be a valuable reference for making further policies by regulatory authorities and provide theoretical guidance for accounting firms to solve new problems. The contributions of this paper possibly involve the following aspects.

Firstly, different from past literatures, this paper uses a sample of

Chinese listed companies, which are audited by the same accounting firms during the period before and after their transformation. The paper investigates empirically the overall impact of the transformation of accounting firms' organizational form on audit quality from three aspects: audit opinions, earnings management and accounting conservatism. The empirical results show that auditors are more likely to issue modified audit opinions after accounting firms' organizational form shifts to special general partnership, the earnings management degrees of their clients' become lower, and the accounting conservatism of their clients' is higher after the transformation. All of these prove that the transformation of the accounting firms' organizational form promoted by supervisory departments has improved the audit quality of the capital market.

Secondly, basing on the above studies, this paper further analyses auditors' individual characteristics from the angles of the accounting conservatism influenced by the transformation of accounting firms' organizational form. Considering the changes in risk exposure caused by the transformation of accounting firms' organizational form, this paper tests changes in clients' audit quality which is audited by auditors with different individual characteristics. The results indicate that audit clients' accounting conservatism is significantly improved after the transformation of their accounting firm. However, the paper finds that it is significantly different on the extent of improvement of audit clients' accounting conservatism, which is audited by auditors with different individual characteristics. Specifically, compared with clients audited by non-partner auditors or auditors of low-levels of education, audit clients' accounting conservatism is improved more significantly when they are audited by partner auditors or highly educated auditors. Moreover, audit clients' accounting conservatism audited by auditors older or more experienced is improved relatively less than those who are younger or less professionally experienced. Further analysis finds that the cause of this result is the different risk preference of auditors with different individual characteristics. Therefore, auditors show a significant difference in their reporting behaviors as accounting firms' organizational form shifts to special general partnership and their liability exposure increases.

Thirdly, basing on the studies of the overall impact of the transformation of accounting firms' organizational form on audit quality, this paper examines the effects of clients' heterogeneity on policy effect of the transformation of accounting firms' organizational form from the angle of auditors' reporting conservatism. On the one hand, this paper tests whether the nature of the audit clients' property influences the economic consequences of the transformation policy of accounting firms' organizational form. The results indicate that the transformation of accounting firms' organizational form improves auditors' reporting conservatism, but it mainly improves auditors' reporting conservatism in $BIG10$. Specifically, the nature of state-owned property rights weakens the positive effect of the transformation of accounting firms' organizational form on auditors' reporting conservatism. Compared with state-owned listed companies, non-state-owned listed companies have a higher probability to receive modified audit opinions and a larger extent to lower their audit reporting aggressiveness after the transformation. Besides, the higher the percentage of shares owned by the state is, the weaker the positive effect of the transformation of accounting firms' organizational form on auditors' reporting conservatism will be. The paper also finds that although auditors' reporting conservatism is improved in state-owned listed companies, it is still less than in non-state-owned listed companies after the transformation; while the audit fees increased more in state-owned listed companies. On the other hand, this paper further examines the different influence of the transformation of accounting firms' organizational form on auditors' reporting conservatism of audit clients of different potential litigation risk level. Compared with clients of lower risk exposure, or high quality in other words, the paper finds that clients of higher risk exposure have a higher probability to receive modified audit opinions and a larger extent to lower their audit reporting aggressiveness after the transformation. This declares that the effect of the transformation of accounting firms' organizational form on auditors' behaviors of clients of higher risk exposure is more significant, and the extent of auditors' reporting conservatism in clients of higher risk exposure is larger than the lower risk exposure ones. The conclusion means that clients' potential litigation risk level has a significant effect on the economic consequences of the transformation of accounting firms' organizational form, and the transformation of accounting firms' organizational form strengthens auditors' identification and control to their clients.

Lastly, previous literatures, using a mixed sample composed of accounting firms of "transformational group" and "non-transformational group", examine the differences of the audit quality between them. Now that all of the accounting firms' organizational form have been turned to the "special general partnership", this paper may be different from past literatures and can use the panel data to test the changes of auditors' behaviors as well as the audit quality of the same clients, which are also audited by the same accounting firms during the period before and after the transformation. This panel data analysis can better solve self-selection bias. Moreover, unlike DID models, it does not require that the data of samples are independent identical distribution, thus it may provide a new idea for the similar topic in the subsequent studies.

目　录

第一章　绪论

第一节　研究背景

审计质量是审计理论研究的核心，审计领域的研究大多直接或间接围绕审计质量而进行，然而时至今日，关于审计质量我们仍然知之不多，尚有许多悬而未决的问题，会计师事务所组织形式与审计质量的关系如何就是其中之一。同时，外部审计又是证券市场的重要制度安排，只有采取适当的事务所组织形式，才能激励审计师提高审计服务的质量，同时保护投资者的利益，所以，明确审计质量如何受事务所组织形式变革的影响，寻求适宜的事务所组织形式，不仅是学术领域关注的重要课题，也是各国证券监管部门迫切希望解决的问题。

20世纪90年代初，美国注册会计师行业发生了"诉讼危机"，致使注册会计师行业的发展面临重大危机。为了减轻审计师的法律责任，允许会计师事务所由无限法律责任的普通合伙所转变为法律许可的其他任何组织形式，许多会计师事务所利用这一机会转而采用有限责任的组织形式，到1994年底，当时的六大会计师事务所全部从普通合伙所转变为有限责任合伙所，事务所面临的法律风险普遍下降。尽管 Muzatko et al.（2004）的经验研究发现这次事务所组织形式转变提高了 IPO 市场的股票折价，但他们并没有直接检验事务所组织形式从高法律责任状态转变为低法律责任状态对审计质量的影响 (Firth et al. , 2012)。所以，迄今为止，关于会计师事务所组织形式变革①对审计质量的真实影响规律，我们仍然知之甚少。目前仅有少量文献从静态视角横向对比研究了普通合伙会计师事务所和有限责任公司制会计师事务所的审计质量差异。比如，原红旗和李海建 (2003) 研究发现，会计师事务所组织形式的差异并没有对审计意见的发表产生明显影响，而 Firth et al. （2012）研究发现，普通合伙制下的审计师比有限责任公司制下的审计师更倾向于发表非标准审计意见，审计师的行为更加谨慎。两篇文献的研究结果并不一致，因此，仍然需要深入研究会计师事务所组织形式对审计质量的影响。

我国会计师事务所在脱钩改制时，大部分改制为有限责任会计师事务所，这一现状与国外事务所组织形式以合伙制为主截然不同，引发了学术界的广泛质疑，认为有限责任制这种法律责任过低的组织形式不符合行业特点和公众要求，是注册会计师执业风险意识淡薄、审计质量较低的原因之一 （初宜红和罗怀敬，2000；柴珏，2003；《注册会计师行业行政管理问题研究》课题组，2005；郭景祥，2010）。我国注册会计师行业监管部门也认为，有限责任公司制的组织形式不利于会计师事务所做大做强和与国际接轨。为了优化组织形式和内部治理机制，增强会计师事务所的国际竞争力，2010 年 7 月，财政部、国家工商行政管理总局印发《关于推动大中型会计师事务所采用特殊普通合伙组织形式的暂行规定》（以下简称《暂行规定》），要求"大型会计师事务所应当于 2010 年 12 月 31 日前转制为特殊普通合伙组织形式；鼓励中型会计师事务所于 2011 年 12 月 31 日前转制为特殊普通合伙组织形式"。文件颁布后，2010 年 12 月底，立信

---

① 后文中所提到的"会计师事务所转制""事务所转制""转制"都是对事务所组织形式变革的别称或简称。

会计师事务所率先完成了向特殊普通合伙制的转变。为了加快转制进程，规范转制过程，确保转制工作依法、扎实、平稳推进，2011年 4 月，随着财政部《大中型会计师事务所转制为特殊普通合伙组织形式实施细则》的颁布，截至 2011 年 12 月中旬，已经有行业排名前列的 8 家会计师事务所完成转制工作。2012 年 1 月，财政部继续印发了《关于调整证券资格会计师事务所申请条件的通知》，截至2013 年 12 月 31 日，全国具有证券资格的会计师事务所已经全部完成了向特殊普通合伙制的转变并符合相应条件。

这次由政府干预推动的事务所组织形式的强制性变迁，为学术界进一步研究事务所组织形式变革对审计质量的影响路径和规律提供了自然实验。随着这一自然实验的开展，一些文献将可观察到的审计结果输出产品——审计意见和盈余质量，作为审计质量的替代变量，比较了转制事务所和未转制事务所的审计质量差异，但研究结论也不完全一致。事务所转为特殊普通合伙制，虽然提高了审计师的法律责任，但是否能改变审计师的审计报告行为，提高其审计服务质量，仍未取得一致研究结论。

事务所转为特殊普通合伙制，审计师面临的法律责任和诉讼风险提高，与非合伙人相比，合伙人审计师与事务所的利益目标更具一致性，审计行为往往更加稳健和保守（Gul et al.，2013），且在转为特殊普通合伙制之后，合伙人的法律责任和潜在诉讼风险大大增加，因此，相较于非合伙人，合伙人审计师更可能出于自我保护、降低风险的考虑，提高对客户公司的会计稳健性要求。而有关管理者的固定效应和审计质量的大量文献也发现，执业年限、年龄、性别或学历不同的审计师对风险的厌恶程度不同，面对事务所转制带来的法律责任提高，不同审计师的审计报告行为可能会存在显著差异，其所审计客户公司的会计稳健性的提高程度可能也会存在显著不同。

我国资本市场的特定制度背景是国有上市公司占有较大比例，

这一特定产权特征对资本市场的参与主体产生重要影响,以往文献发现,产权性质会影响审计行为。因此,尽管事务所转制将增加审计师的潜在法律风险,提高其执业过程中的风险意识,从而提高审计报告的谨慎性,但由于国有上市企业与非国有上市企业在诸多方面存在差异,审计师的反应可能不同,其可能对非国有企业的审计风险更加敏感,审计报告的谨慎性更可能得到提高。

Choi et al.(2005)认为,客户公司的法律风险会对其审计收费与审计质量产生显著影响。会计师事务所从有限责任制转为特殊普通合伙制后,面临的法律责任增加,而事务所的法律责任与客户公司的法律风险直接相关,对于法律风险高的客户公司,审计师需要实施更加充分的审计程序,收取更高的审计费用,甚至为降低其检查风险而不得不降低重要性水平,以规避审计失败可能导致的更高的风险和法律责任(Seetharaman et al.,2002)。但从已有文献看,现有研究在考察事务所组织形式与审计师审计行为的关系时都未考虑客户公司的法律风险。

基于以上分析,本书以我国财政部要求事务所组织形式改为特殊普通合伙制的自然实验为研究契机,系统研究事务所组织形式变迁对审计质量的影响机制,以事务所组织形式变迁引起的法律责任变化为切入点,收集经验证据并通过实证分析努力回答下述问题。第一,事务所转制对审计质量的总体影响和产生的经济后果如何,实现了政府监管部门的初衷吗?第二,审计报告中的合伙人签字注册会计师(以下简称"签字合伙人")和非合伙人签字注册会计师(以下简称"签字非合伙人"),以及对风险态度不同(如风险中立或风险厌恶)的签字审计师,在事务所转制中的行为表现是否不同?第三,审计客户公司的异质性(如产权性质不同的公司或潜在诉讼风险不同的公司),是否会导致其所在事务所转制对审计质量的影响途径和规律产生显著差异?

第二节　研究意义

会计师事务所转制，对审计师的法律责任及审计行为、事务所的内部治理机制、收益分配机制、注册会计师签字制度、合伙人的准入和退出等都将产生深远的影响。因此，研究事务所转制对审计质量的影响规律和途径，具有重要的理论价值和现实意义。

一　理论价值

本书的理论价值体现在以下四个方面。第一，也许是研究样本的原因，目前关于会计师事务所组织形式的研究文献相对较少，而本书基于会计师事务所转制对审计质量的影响机制的研究，包括事务所转制对审计质量的总体影响检验，以及考虑审计师个人特征和审计客户异质性之后的事务所转制的政策效果检验，与 Muzatko et al.（2004）、Firth et al.（2012）、原红旗和李海建（2003）等的研究不同，是直接考察事务所组织形式动态变迁对审计质量的影响的研究。第二，本书基于事务所转制的自然实验展开研究，并从会计稳健性角度分析事务所转制延伸至审计师个人层面时的规律，这种动态环境的变化有利于更好地检验审计师个人特征对审计质量的影响机制。第三，国有企业在我国资本市场上占有较大比例，本书从审计报告的谨慎性角度考察事务所转制对不同产权性质客户的作用规律，所获得的经验证据可能有助于增进对转制政策效果的理解。第四，企业组织形式是企业理论研究中的重要内容，组织形式不仅是法律形式，更与企业的内部治理、剩余控制权和剩余收益分配、激励机制相联系，本书系统研究事务所转制对审计师审计行为与审计质量的影响途径和规律，有助于深入理解企业组织形式对企业行为的影响，从而丰富了企业理论。

二 现实意义

近年来为了推动我国会计师事务所做大做强和"走出去",政府监管部门和中注协出台了一系列政策和文件,此次推动事务所组织形式改制为特殊普通合伙制就是其战略措施之一。在 2009 年出台的《关于加快发展我国注册会计师行业若干意见的通知》中指出,要实现会计师事务所组织形式、治理机制和管理制度的科学化,本着"有利于注册会计师行业发展、提高会计师事务所治理水平、增强会计师事务所竞争能力的原则,支持会计师事务所依法采用与其发展战略、业务特点和规模相适应的组织形式"。接着 2010 年 7 月和 2011 年 4 月又分别出台了《关于推动大中型会计师事务所采用特殊普通合伙组织形式的暂行规定》和《大中型会计师事务所转制为特殊普通合伙组织形式实施细则》,并发表署名文章《为什么要毫不动摇推进特殊普通合伙转制》,强制推动会计师事务所转变组织形式。推动会计师事务所转制,是注册会计师行业的重大变革,也是我国政府监管部门一项全新的工作,会出现新情况,遇到新问题。也正因为如此,政府监管部门迫切希望了解事务所组织形式转变所带来的影响。本书的研究具有重要的政策含义,能够帮助监管部门了解推动事务所转制的政策效果,本书的研究结论对监管部门制定相关后续政策具有一定的参考价值。

第三节 研究目标与研究内容

一 研究目标

本书以我国财政部推动会计师事务所转制为特殊普通合伙制的自然实验为契机,实证研究事务所转制引起的审计师法律责任变化对审计质量的影响机制，在此基础上，进一步考察事务所转制对个人特征（指签字合伙人身份、执业年限、年龄、性别、学历）不同的签字审计师的审计行为和审计质量的影响规律，以及审计客户异质性对事务所转制政策效果的影响，最后归纳出事务所转制为特殊普通合伙制、法律责任变化时审计师的行为规律，进而丰富和发展法律责任与审计质量关系的审计理论，并为监管部门制定后续政策提供相关建议。

本书的具体研究目标包括以下五个方面。

第一，理论分析事务所组织形式、法律责任与审计质量三者的关系，为检验此次由事务所转制引起的签字审计师法律责任的变化对审计质量的影响途径和规律奠定理论基础。

第二，实证研究事务所转制对审计质量的总体影响。

第三，从会计稳健性的视角实证研究事务所转制、审计师个人特征与审计质量的关系。

第四，从审计报告谨慎性的视角实证研究事务所转制、审计客户异质性与审计质量的关系。

第五，在总结理论分析以及实证研究结果的基础上，结合目前我国特定的签字注册会计师审计报告制度，为监管部门制定后续政策提供相关建议。

二　研究内容

本书基于我国的制度特征，在对法律责任与审计质量的关系进行理论分析的基础上，考察会计师事务所转制对审计质量的影响，探究法律责任变化时，尤其是从低法律责任状态转变到高法律责任状态时，审计师的行为规律。具体来说，本书拟重点考察以下三个基本问题。第一，事务所转制引起的法律责任变化是否影响审计质量？第二，事务所转制对个人特征不同的审计师行为的影响是否存在显著差异？第三，客户公司的异质性，是否会导致其所在的事务所转制对审计报告谨慎性的影响产生显著差异？

本书的主要研究内容如下。

第一章绪论，包括本书的研究背景、研究的目的与意义、研究的主要内容、研究方法和本书的主要创新点。

第二章文献综述，梳理了有关会计师事务所组织形式与审计质量、审计师法律责任与审计质量这两方面研究的国内外相关文献，并对相关领域的研究动态和研究现状做了文献述评。

第三章为事务所转制对审计质量的总体影响研究，分别以审计意见、盈余管理、会计稳健性为审计质量的代理变量，考察事务所转制对审计质量的总体影响。

第四章为事务所转制对不同审计师审计行为的影响研究，分别检验签字审计师的签字合伙人身份、执业年限、年龄、性别、学历等个人特征对事务所转制与其所审计客户公司会计稳健性的关系的影响。

第五章为审计客户异质性对事务所转制与审计报告谨慎性关系的影响研究，即分别检验事务所转制对不同潜在诉讼风险（财务困境）及不同产权性质公司的审计报告谨慎性的影响。

第六章为研究结论与政策建议，即在总结此次事务所组织形式改制的政策效果的基础上，对监管部门制定后续政策、事务所强化内部治理提供政策参考。

本书的研究框架如图 1 - 1 所示。

第四节 研究思路与研究方法

一 研究思路

本书的具体研究思路是，在文献述评的基础上，首先厘清事务所

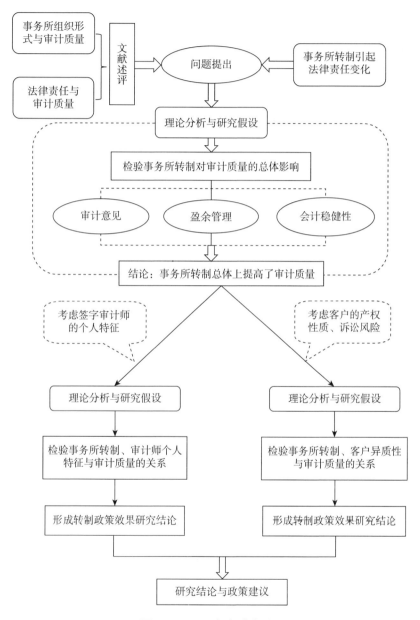

图 1-1 研究内容框架

组织形式、法律责任与审计质量的关系，揭示事务所转制引起注册会计师的法律责任变化，进而分析其对审计质量的影响规律和途径。然后以此次事务所组织形式由低法律责任状态的有限责任公司制向高法律责任状态的特殊普通合伙制转变为契机，通过严谨的实证研究，细致设计研究变量，先从总体上考察事务所转制对审计质量的替代——审计意见和盈余质量的影响规律，然后结合理论分析的推导结论和实证研究的结果，进一步考虑审计师个人特征（签字合伙人身份、执业年限、年龄、性别和学历）以及审计客户的异质性（产权性质、公司潜在诉讼风险）的影响，将事务所层面对转制效应的研究延伸至审计师个人层面或审计客户公司层面，系统研究事务所转制对审计质量的影响机制。

本书具体的技术路线如图 1 - 2 所示。

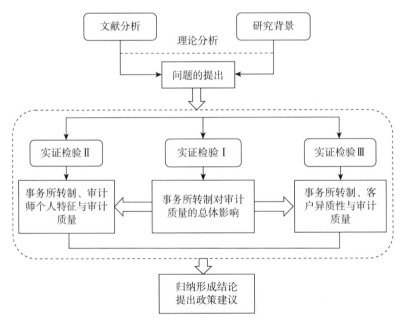

图 1 - 2 本书技术路线

二 研究方法

全书采用实证研究为主、规范研究为辅的研究方法，具体研究方法包括以下两个方面。

（一）文献研究与理论分析

通过梳理国内外相关文献研究，再结合我国签字注册会计师制度的特定背景，分析事务所组织形式、法律责任与审计质量的关系。在此基础上，一方面，从理论上分析事务所组织形式从低法律责任状态转变为高法律责任状态时，签字合伙人和签字非合伙人的审计行为和审计质量差异，分析不同个人特征（风险偏好）的签字审计师在事务所转制引起法律责任变化时的行为特征，当法律责任从小到大时，哪类审计师的审计谨慎性和审计质量得到更大提高。另一方面，分析不同潜在诉讼风险（财务困境）、不同产权性质的客户，其所在事务所组织形式由低法律责任状态转变为高法律责任状态时，审计师的审计行为有何不同，审计师的审计谨慎性和审计质量在哪类审计客户公司转制后得到更大提高。

（二）实证检验与分析

本书的主体研究部分主要采用实证研究的方法考察事务所转制对审计质量的总体影响，以及事务所转制对不同审计师和不同审计客户公司的影响机制。本书首先在第三章从事务所层面检验事务所转制对审计质量的总体影响，由于审计质量无法观察，按照过去文献的做法，将审计结果的两个输出产品——审计意见和盈余质量作为审计质量的代理变量，而盈余质量特性体现在多个方面，为了系统考察事务所转制对盈余质量（盈余管理和会计稳健性）的影响，本书分别建立计量模型研究事务所转制对审计意见（OP）、盈余管理（DA 和 BL）和会计稳健性（盈余—股票报酬计量法和应计—现金流计量法）的影响。考虑到审计意见为虚拟变量，建立以审计意见为因变量、事务所转制（LLP）为待检验变量的 Probit 计量模型，通过观察 LLP 系数的符号及其显著性，明确事务所转制对审计意见的影响机制。

第四章进一步检验事务所转制对具有不同个人特征的审计师审计行为的影响。将会计稳健性作为审计质量的代理变量，并在第三章会计稳健性检验模型的基础上，分别引入表示审计师个人特征的变量（*Partner*、*Tenure*、*Age*、*Gender*、*Education*），但考虑到第三章的会计稳健性模型中已经涉及三个变量的交互项，因此，本书第四章在研究设计上采用对样本分组回归，比较两组回归结果中的待检验变量的系数是否存在显著差异的思路，进一步考虑面对事务所转制带来的法律风险变化，具有不同个人特征的审计师所审计客户公司会计稳健性的变化，进而研究不同情形下事务所转制对审计师审计行为的影响规律，分析审计师个人特征对事务所转制的政策效果的影响。

第五章基于第三章中的审计意见检验模型，借鉴已有文献研究引入审计报告激进度（*ARAgg*）检验模型，然后在此基础上分别引入客户产权性质（*SOE*）、客户潜在诉讼风险（*RISK*）变量，通过分别考察审计意见模型中的交互项 $LLP \times SOE$、审计报告激进度模型中的交互项 $LLP \times RISK$ 的系数，分析事务所转制对不同产权性质的客户、不同潜在诉讼风险的客户审计报告谨慎性的影响是否不同，从而获得客户异质性对事务所转制政策效果的影响规律。

为了保证研究结论的可靠性，本书进行了包括但不限于如下八个方面的稳健性检验。第一，控制行业、年度的固定效应。考虑到不同行业、年度可能对研究结果带来影响，本书将在稳健性检验中控制行业、年度的固定效应。第二，消除残差序列相关和异方差等计量问题。第三，净化研究样本。在研究中将根据具体研究问题的需要，剔除在转制期间发生事务所合并、事务所变更或审计师变更的样本。第四，考虑到四大会计师事务所样本的特殊性，根据研究需要对剔除四大会计师事务所后的样本做了稳健性检验。第五，在稳健性检验中，采用多种方法计算可操控应计额。第六，采用新的指标度量财务困境。除了采用公司是否被公告违规这个指标来度量其潜在诉讼风险（财务困境）外，本书在稳健性测试中也借鉴 Altman（1968）计算的 Z 指数来度量财务困境。第七，考虑到签字非合伙人样本数量较少，按照同年度、同行业、业绩相近的原则寻找配对样本。第八，考虑到审计师应对诉讼赔偿风险增加的另外一个手段是收取风险溢价，进一步考察事务所转制对审计费用可能带来的影响，确定事务所转制是否会带来更高的风险溢价。

第五节　研究创新

本书的主要创新点如下。

第一，有别于过去的文献，本书的实证研究部分均以已转制事务所在转制前后所审计的同一批公司为样本，从纵向角度进行重新考察，这种纵向分析的方法不同于过去研究政策效果的 DID 模型，并不要求样本的独立同分布，并克服了 DID 模型下需要考虑的内生性问题，为类似研究提供了一条新的思路。第三章在过去从截面视角研究事务所组织形式与审计质量的关系基础上，从审计意见、盈余管理和会计稳健性三个角度，从纵向全面分析事务所转制对审计质量的总体影响。实证结果一致表明，监管部门推动的事务所转制，提高了资本市场的审计质量。

第二，在从事务所层面研究事务所转制对审计质量总体影响的基础上，第四章从会计稳健性角度分析事务所转制延伸至审计师个人层面时对审计质量的影响规律，以事务所转制前后所审计的同一批客户公司为研究样本，并收集了客户公司签字审计师的签字合伙人身份、执业年限、年龄、性别、学历等个人信息，以进一步考察面对转制带来的法律风险变化，具有不同个人特征的审计师的审计行为差异。研究结果表明，事务所转制对具有不同个人特征的审计师所审计公司的会计稳健性的影响存在显著差异，具有签字合伙人身份、拥有本科及以上学历的审计师所审计公司的会计稳健性的提高更加明显，而执业时间较长、年龄较大的审计师，其审计公司的会计稳健性相对提高较少。本书的研究内容丰富了审计师个人层面关于会计稳健性的研究，所获得的经验证据可能有助于增进对事务所转制政策效果的理解。

第三，在考察事务所转制对审计质量总体影响的基础上，第五章进一步分析被审计客户的异质性对转制政策效果的影响。研究结果表明，国有产权性质弱化了转制对审计报告谨慎性的积极影响，非国有上市公司审计报告的谨慎性提高更多，且转制对审计报告谨慎性的积极作用随着国有持股比例的提高而降低；尽管国有上市公司审计报告的谨慎性提高相对较少，但支付的审计费用比非国有上市企业增长更多。研究还同时发现，转制增强了审计师对客户公司法律风险的识别与控制，高风险客户审计报告的谨慎性提高更多，客户的潜在诉讼风险水平对转制的经济后果产生了显著影响。本书获得了现有文献尚未发现的研究结论，可能有助于深化事务所转制对审计质量影响机制的认识。

第二章　文献综述

　　自从 DeAngelo（1981）提出审计质量的经典概念以来，后续研究者主要围绕审计质量的二维因素——审计独立性和专业胜任能力对审计质量的影响展开研究，比较表征审计独立性或专业胜任能力不同的事务所（或审计师）的审计质量是否存在差异。这些研究的一个共同特点是从静态假设出发，对不同特征的事务所（或审计师）的审计质量进行横向比较，而本书分别从事务所层面、审计师个人层面及审计客户公司层面探究转制对审计质量的影响途径与规律，是从纵向分析事务所组织形式的动态变化所导致的经济后果，与过去的研究存在显著不同。

　　尽管已有文献研究了外部法律制度变化对审计质量的影响（Narayanan，1994；Dye，1995；Chan and Pae，1998；Liu and Wang，2006；Laux and Newman，2010；等等），而事务所转制也会导致审计师面临的法律责任发生变化，但这种变化与外部法律制度变化不同，它只是调整了审计师的法律责任强度与事务所内部审计师之间的法律责任结构，但外部法律规范对审计过失、审计失败和审计舞弊的处罚责任规定并未发生变化。事务所转制引发的法律责任变化主要是对审计师法律责任的冲击，而审计师是直接执行审计业务的主体。因此，研究事务所转制对审计质量的影响，有别于一般分析法律责任与审计质量关系的文献，其意义更为重要。

　　由于此次会计师事务所组织形式向特殊普通合伙制的转变带来的直接后果是法律责任的增加，而法律责任的增加又给审计质量带来影响，因此，本章以法律责任为切入点，通过梳理会计师事务所组织形式与审计质量之间以及审计师法律责任与审计质量之间关系的国内外相关文献，厘清事务所组织形式、法律责任与审计质量之间的关系脉络，从理论上分析此次事务所组织形式由低法律责任状态向高法律责任状态的转变对审计质量的可能影响路径，为后文实证研究事务所转制对审计质量的影响机制提供理论支撑。

第一节 会计师事务所组织形式与审计质量

一 实证研究

涉及会计师事务所组织形式的实证研究文献相对较少。原红旗和李海建（2003）是国内最早涉及会计师事务所组织形式的实证研究文献，他们选择了 2001 年沪市 640 家上市公司所聘的 69 家会计师事务所为研究对象，在控制公司规模、盈利能力、偿债能力和盈余管理水平的基础上，研究了会计师事务所组织形式与审计意见的关系。他们研究发现，事务所组织形式对其发布的审计意见没有显著影响。至于原因，他们认为可能是不同组织形式的事务所在选择客户时已经考虑了客户公司的财务风险特征，普通合伙事务所可能选择风险更低的客户公司。因此他们又对事务所组织形式与客户公司财务特征的关系做了进一步的检验，仍然发现不同组织形式的事务所的客户公司特征也不存在显著差异。由此，他们的研究结论是：会计师事务所的组织形式与其发表的审计意见之间不存在显著相关关系。Firth et al.（2012）也对我国审计市场的事务所组织形式进行了研究，他们将我国 2000～2004 年的 5007 家上市公司作为研究样本，研究事务所组织形式对审计师行为的影响，所获得的研究结论与原红旗和李海建（2003）的不一致。他们发现，在控制其他因素的情况下，普通合伙事务所比有限责任公司制事务所发表非标准审计意见的概率更高，更倾向于发表持续经营审计意见，审计师的审计行为更加谨慎。他们的附加测试还发现，普通合伙事务所审计的公司的可操控应计额更低，这主要表现在普通合伙事务所审计的公司更不可能进行收入增加的盈余管理。

Muzatko et al. (2004) 是一篇对美国审计市场会计师事务所组织形式进行研究的文献。他们利用 1994 年美国审计市场事务所组织形式由普通合伙事务所转变为有限责任合伙所的契机，分析了这次事务所组织形式转变对美国 IPO 市场股票折价的影响。他们认为，由普通合伙所转变为有限责任合伙所，法律责任下降，投资者的"深口袋"保障程度降低，IPO 折价可能提高。最终，他们的实证研究结果支持了这一推理，他们发现高诉讼风险 IPO 公司在事务所组织形式转变后，IPO 折价显著更高。

我国自 2010 年推动事务所转制以来，一些文献检验了转制事务所和未转制事务所的审计质量差异。Wang and Dou (2015) 以 2007 ～ 2012 年上市公司为样本，通过比较部分完成转制事务所与未转制事务所客户公司的可操控应计额和审计意见的变化发现，事务所转制显著抑制了客户公司的正向盈余操控行为，且对客户审计意见的影响主要出现在转制后的第一年。他们进一步考虑事务所规模和客户公司的所有权性质，发现对于不同规模事务所或者不同所有权性质的客户公司，转制带来的效应并不存在显著差异。刘启亮等（2015）比较了同一签字注册会计师在事务所转制前后审计意见及其所审计客户公司可操控应计额的变化，他们发现，事务所转为特殊普通合伙制后，审计师更倾向于发表非标准审计意见，所审计客户公司的盈余管理程度也显著下降。他们还通过横向比较同一注册会计师在有限责任制和特殊普通合伙制事务所组织形式下所提供的审计服务质量的差异，发现特殊普通合伙制下审计师的独立性和谨慎性更高、审计质量更优。陈丽红等（2015）同样以审计意见和可操控应计额为审计质量的代理变量，采用 DID 模型研究发现，事务所转制并没有显著提高资本市场的审计质量。聂曼曼等（2014）发现，转为特殊普通合伙制后的会计师事务所更倾向于发表非标准审计意见，审计质量显著更高。但张俊生和张琳（2014）则发现，会计师事务所转制为特殊普通合伙制后，审计师出具的审计意见类型、客户公司的会计稳健性均未发生显著变化。刘行健和王开田（2014）发现，在转制政策出台当年，客户公司的正向盈余管理幅度出现了显著下降，但在事务所转制的前后两年，其所审计客户的正向盈余管理幅度并未产生显著变化。耿红娟（2014）则认为，在控制了影响审计质量的审计主体、审计客体及审计环境等相关因素的情况下，会计师事务所转制与盈余管理程度显著负相关。

此外，还有些文献考察了事务所转制引起的法律责任的增加对事务所（或审计师）的审计收费、投资者利益保护等方面的影响。李江涛等（2013）发现，事务所转制后审计定价有所提高，但在控制影响审计定价的系统性因素后，他们发现二者并没有直接联系。周中胜（2014）发现，率先完成转制的国内四家大型事务所在转制后审计收费显著提高，且这种增加主要体现在他们所审计的小客户中。王晓等（2015）研究发现，事务所转为特殊普通合伙制后审计收费有所提高。沈辉和肖小凤（2013）研究发现，当事务所转制后，随着法律责任的提高，审计收费普遍增加，但大所的提高幅度较小。闫焕民等（2015）发现，事务所转制后，尽管事务所的整体审计收费并未发生显著变化，但针对高法律诉讼风险的审计客户的审计收费显著增加了。张胜等（2015）则直接检验了《暂行规定》的颁布与投资者利益保护之间的关系，他们研究发现，《暂行规定》的颁布有利于提升投资者利益保护水平，且这种积极作用在本土十大会计师事务所中的表现更加明显，他们的研究结果为相关部门继续推进事务所转制的政策措施提供了直接的经验证据。

二　理论和规范研究

在理论研究方面，吕鹏和陈小悦（2005）通过构建序贯博弈模型，比较研究有限责任和无限责任两种情况下的博弈均衡，他们的研究结果表明，如果审计市场是买方市场，那么注册会计师的法律责任从有限责任强制转变为无限责任，并不能提高审计质量。而刘斌等（2008）在多客户假设条件下，通过审计质量二次函数模型分析发现，有限责任合伙制是一种更好的事务所组织形式，在这种组织形式下，如果赔偿机制健全，那么随着客户公司数量的增加，审计质量上升，审计失败概率下降。

除了上述文献，我国还有不少学者就事务所组织形式的法律责任、最佳组织形式的选择、现行制度的完善等进行了规范分析。纪益成（2000）、刘燕（2001，2003）、陈颖（2004）、杨崎左（2007）和黄洁莉（2010）等对会计师事务所组织形式的种类及其法律责任特征进行了探讨。于恒等（2002）、余玉苗和陈波（2002）、朱小平和叶友（2003）、叶向阳和盛军锋（2003）、杨学华（2003）、何海和黄彤（2004）、杨涛和赵丽娟（2006）、柳木华（2007）、逯颖（2008）、何巧平（2009）等人探讨了最佳事务所组织形式的选择及优化问题。王朝阳等（2012）、杨俊峰等（2015）以此次事务所转制为背景，梳理了国内外有关会计师事务所组织形式与审计质量关系的研究文献，他们认为，目前我国有关事务所组织形式与审计质量的实证研究仍然不多，仍需要更加系统深入的经验证据总结此次事务所转制的政策效应。郭丹（2012）分析了特殊普通合伙制下签字审计师的有限责任与无限连带责任的认定，签字合伙人与签字非合伙人的责任分配与举证，故意、重大过失与一般过失的鉴别，以及事务所与签字审计师责任的清偿和分配顺序等问题，并对我国政府推进事务所组织形式向特殊普通合伙制的转变提出了参考建议。蒋尧明（2010）

对有限责任合伙会计师事务所民事责任的疑难问题，如故意、重大过失的界定，损失赔偿额在责任主体之间的分配等问题进行了研究，并提出了相关对策建议。蒋尧明（2012，2013，2014）继续围绕事务所转为特殊普通合伙制后的民事保障赔偿制度的完善、执业合伙人与非执业合伙人之间责任的配置和分担，以及事务所内部的其他利益相关者之间的利益平衡与责任承担问题进行了深入分析。

此外，孙鹏（2010）在其博士学位论文中以实验研究的方法研究了会计师事务所组织形式与审计谈判之间的关系。他的实验研究结果表明，不同组织形式的事务所法律责任的不同，导致了事务所组织形式不仅影响审计人员与客户的谈判策略，也影响其谈判结果和谈判达成一致意见的可能性。特殊普通合伙会计师事务所的审计人员的谈判策略竞争性最强，普通合伙事务所次之，有限责任公司制事务所最弱。有限责任公司制事务所审计人员与客户谈判达成一致意见的可能性最高，普通合伙事务所与特殊普通合伙事务所没有明显不同。从他的实验研究结果来看，特殊普通合伙制是会计师事务所的最佳组织形式。

第二节　审计师法律责任与审计质量

尽管国外关于事务所组织形式与审计质量关系的研究文献缺乏，但与事务所组织形式相关的法律责任对审计质量的影响，早已引起国外学者的广泛探讨，许多文献从多个角度研究了法律责任与审计质量的关系，其研究内容可概括为以下两个方面：一是有关法律制度的严格程度对审计质量的影响；二是关于法律诉讼赔偿责任及分担方式对审计质量的影响。

一　法律制度严格程度与审计质量的关系

早期的文献对法律责任严格程度与审计质量的关系进行了理论

研究[①]。Balachandran and Nagarajan（1987）首先建立模型研究了不同法律制度对审计决策过程的激励效应，他们在模型中设定了两种法律制度：一种是严格的法律制度（Strict Liability），在这种法律制度下，公司无论什么时候发生损失，审计师都应该承担责任；另一种是过失的法律制度（Negligence），在这种法律制度下，只有在审计师的执业行为偏离了规定的充分关注准则（A Prescribed Due Care Standard）时，其才对损失承担责任。他们的分析表明，采用严格的法律制度所需要的信息多于采用过失的法律制度。因此，如果收集信息的成本过高，出于风险共担和信息成本的考虑，过失的法律制度附加职业保险的做法优于严格的法律制度。Moore and Scott（1989）接着通过两个理论模型研究了法律责任大小对审计师选择审计强度和参与管理层合谋的影响，他们认为假定审计师为风险中立者的情况下，审计师提供的审计质量与社会期望的审计质量之间的差异会随着法律责任的强化和审计师财富的增加而下降。Schwartz（1997）认为，要让企业投资处于最优水平，审计师也提供社会期望的最高努力水平，应该采用严格的法律制度。Liu and Wang（2006）同样认为，在严格的法律制度下，审计师的努力水平能够达到最优，但在过失的法律制度下难以实现，而且在严格的法律制度下企业所有者的期望收益和审计费用更高，投资额也更大。我国学者刘更新和蔡利（2010）指出，随着法律标准不确定性的增加，审计师提供的审计服务质量有所下降。他们认为，审计准则所规定的审计质量水平与法律规定的标准越接近，审计师提供的审计服务质量就越高。从

---

① 最早涉及审计师法律责任的文献可能是 Schultz and Gustavson（1978），但他们讨论的是公司财务状况、公司规模、事务所规模、事务所的审计师轮换制度等对审计师法律诉讼风险的影响，而不是考察法律责任对审计质量的影响，后期也有大量文献进行了类似研究（Pierre and Anderson，1984；Palmrose，1987；Carcello and Palmrose，1994；Lys and Watts，1994）。为了更清晰地展现法律责任与审计质量的关系，书中仅对讨论了法律责任与审计质量关系的文献进行评述。

这个角度看，他们也主张实行严格的审计准则。

Dopuch and King（1992）具体比较了过失的法律责任制度、严格的法律责任制度和无法律责任制度下审计质量的供给和需求，他们的实验结果发现，审计师的审计测试频率在无法律责任制度下显著低于过失的法律责任制度和严格的法律责任制度下的测试频率，但在过失的法律责任制度和严格的法律责任制度下，审计师的审计测试没有显著不同，也就是说实施严格的法律责任制度未必能提高审计师的服务质量。King and Schwartz（1999）研究了在严格的法律制度和模糊过失的法律制度（Vague Negligence Liability）下，法定罚款对审计质量的影响。他们的实验结果发现，实际给予的法定罚款对实验对象的努力水平具有显著影响，平均来看，在罚款之后，实验对象的努力水平随即提高，但是到罚款后的第二期之后，实验对象的努力水平下降到罚款前的水平，甚至低于原来的水平。他们的研究结果表明，严格的法律惩罚只有短期效应。

一些实验研究和经验研究文献考察了法律诉讼风险对审计行为的影响。Blay（2005）的实验研究发现，当审计师面临高诉讼风险时，其更可能出具非标准审计意见。Shu（2000）发现审计师辞聘与客户公司增加的法律诉讼风险呈正相关关系。Seetharaman et al.（2002）发现，英国的审计师对在美国上市的公司收取了更高的审计费用，这与不同国家法律制度背景下的诉讼风险差异相一致。Choi et al.（2008）发现，法律制度影响审计定价，法律制度更加严格时，审计费用将增加，而且在给定的法律环境下，四大会计师事务所收取的审计费用高于非四大会计师事务所。Choi and Wong（2007）分析了法律制度对审计师选择的影响，他们的实证结果发现，在相对宽松的法律环境下，发行债券或权益证券的公司与选聘五大会计师事务所呈正相关关系，这种相关关系随着法律制度的强化而减弱。Hope and Langli（2010）研究了在法律诉讼风险较低的法律制度背景下，审计师的独立性是否会下降，具体研究了审计费用和非审计费用与审计意见的关系，他们的研究发现，在挪威这个法律诉讼风险较低的国家，无论是审计费用还是非审计费用，当审计师从客户公司收取更高的费用时，并没有影响到其审计意见的发表，无论是持续经营审计意见或非标准意见。而 Khurana and Raman（2004）检验了不同法律诉讼风险背景下四大会计师事务所和非四大会计师事务所所审计的公司的权益资本成本的差异，他们发现，在美国四大会计师事务所审计的公司的权益资本成本更低，但在其他诉讼风险更低的澳大利亚、加拿大和英国，四大会计师事务所审计的公司与非四大会计师事务所审计的公司的权益资本成本没有显著差异,这表明就投资者感知的审计质量来看，法律诉讼风险越高，审计质量越高。由此可以看出，从法律诉讼风险角度看，更多的文献研究认为法律制度的强化提高了审计师的谨慎性，在审计定价、审计意见发表、客户选择等方面都表现得更加谨慎，而且投资者也认为强化法律责任可以提高审计质量。

二 法律诉讼赔偿责任及分担方式对审计质量的影响

Dye（1993，1995）认为加大赔偿责任有助于提高审计质量，Dye（1995）特别指出，如果允许事务所从无限赔偿责任转变到有限赔偿责任状态，由于审计师在公司的投入资本与审计师提高审计质量的激励绑定在一起，因此如果审计师在事务所没有投资或投入资本很少，审计师将缺乏提供高质量审计服务的动力。Narayanan（1994）、Chan and Pae（1998）及 Hillegeist（1999）分析了美国《证券民事诉讼改革法案》（*Private Securities Litigation Reform Act*）用按责任比例承担法律责任（Proportionate Liability Rule，PLR）取代原来的连带法律责任（Joint and Several Liability Rule，JSLR）后对审计质量的影响。Narayanan（1994）的分析认为，采用 PLR 取代 JS-

LR 不仅不会降低审计质量，反而有助于提高审计质量，因为在 PLR 法律制度背景下，审计师的诉讼赔偿对审计师的努力水平更加敏感，审计师会更加努力工作以降低诉讼赔偿，从而提高了审计质量。但 Chan and Pae（1998）的分析结论与此不同，他们认为 Narayanan（1994）的分析没有考虑法律环境变化对财务报表用户诉讼决策的影响，如果考虑这一影响，那么使用 PLR 取代 JSLR，会降低均衡状态下审计师努力水平、法律诉讼概率、公司市值和审计费用。他们的分析同时发现，尽管采用 PLR 降低了均衡状态下审计师的努力水平，但实际上提高了社会福利水平。Hillegeist（1999）的分析也发现，如果企业所有者的报告策略和审计师的审计质量决策之间存在策略互动，那么采用 PLR 取代 JSLR 时审计质量将会下降，但审计失败率会降低。Gramling et al.（1998）采用实验研究方法考察了 JSLR 和 PLR 两种法律制度下审计师的努力水平，他们发现，中等风险客户公司的审计师努力水平在 JSLR 法律制度下更高，而高风险客户的审计师努力水平在 PLR 法律制度下更高。

Thoman（1996）、Pae and Yoo（2001）都认为过度强调审计师的赔偿责任，未必能提高审计师的努力水平，反而可能出现效率损失。Laux and Newman（2010）还指出，过度的法律责任可能限制审计师对高风险客户提供审计服务的意愿，给某些有较好发展前景的公司的外部融资行为带来不利影响，所以他们主张采用适宜的法律赔偿责任。Yu（2001）的结论与此相同，他认为适宜的法律责任有助于增加社会财富。曹建（2007）、雷光勇和曹建（2008）通过建模分析了不同法律惩罚方式和损失计量模式对审计师的工作激励和审计质量的影响，他们的结论同样认为，审计师的法律赔偿责任既不能过轻也不能过重。

Dopuch et al.（1995）研究了三种诉讼赔偿分担机制不同的法律制度对行动者策略选择和财富分配的影响，他们发现：在审计师和管理层按责任比例承担并支付赔偿金额的制度下，财富总量最大；在审计师独自承担全部赔偿责任的制度下，审计师可以提高审计费，但审计收费不足以弥补诉讼赔偿的增加；在审计师按责任比例承担并支付赔偿，而管理层没有能力承担赔偿责任的制度下，购买者支付的资产购买价格更低，减少了管理层（卖方）的财富。他们的实验结果说明，不同诉讼赔偿损失分担机制的财富效应不同。而 Chan and Wong（2002）基于法律责任范围视角，讨论了审计师相对第三者法律责任赔偿范围对审计质量的影响，他们的分析结论是，扩大审计师对第三方的责任范围，审计师努力工作的动力下降，这将不利于审计质量的提高，但在审计师的责任范围仅针对在审计契约中已经标明的财务报表用户时，投资额更高，审计质量更好。

在近期的文献中，Yu（2011）采用实验研究方法探究是否存在一种将法律制度与损失赔偿分担规则结合在一起，从而有效提高审计师独立性的适宜的法律体制（Appropriate Legal System）。他的实验结果发现，不存在能够激励审计师提高努力程度和审计独立性，并同时促使公司增加投资的单一的法律体制。严格的法律制度能够提高审计师的独立性，而按责任比例承担损失赔偿的 PLR 规则有助于敦促审计师提高努力水平，因此，由严格的法律制度与按责任比例承担损失赔偿的 PLR 规则两者结合组成的法律体制是首选。Burton et al.（2011）也采用实验方法，研究审计失败的处罚分布对审计师侦查舞弊的努力程度和公司财务报告舞弊的影响，他们具体观察了审计处罚的期望值为常数但分布不相同时，审计师和客户公司的决策行为。他们的研究结果发现，在审计处罚为确定性状态时（Deterministic Penalty）的审计师努力程度高于审计处罚为偏态分布状态（Skewed Penalty Distribution）时的审计师努力程度，但审计处罚为偏态分布和对称分布（Symmetric Settings）时，审计师的审计抽样决策没有显著差异。这说明，审计处罚的偏态分布能促使审计师提高努力水平。

Smith（2012）还通过实验发现，进一步降低审计师因审计失败而应承担的法律赔偿责任，投资者将认为此举会导致审计质量的下降，而这又将引起管理层减少投资。我国学者胡继荣和詹群（2010）研究了2007年《关于审理涉及会计师事务所在审计业务活动中民事侵权赔偿案件的若干规定》的出台对审计质量的影响，具体研究了文件出台前后审计师出具非标准意见的情况以及上市公司可操控应计额的变化。他们的实证结果表明，该规定出台后，上市公司的可操控应计额不但没有下降，反而有所上升，审计师发表非标准意见也没有体现出更加谨慎。他们的研究结论表明，强化法律民事赔偿责任并没有提高审计质量。但刘彬和韩传模（2011）通过博弈模型分析认为，特殊普通合伙制的无限责任赔偿机制更能促使事务所提高审计服务质量。

此外，秦荣生（1997）、王红梅和彭志国（1999）、李若山和何红（1999）、孟平和卢联生（2002）、颜军等（2004）等学者讨论了我国注册会计师法律责任的种类、演变及特性，并介绍了其他地区和国家的注册会计师法律责任体系。吴溪（2007）对我国1999～2006年发生的72个审计失败案例的审计师处罚情况进行了分析，发现监管机构对会计师事务所或签字注册会计师的审计责任认定显著趋于缓和与稳健，但对上市公司管理层的责任认定趋于严格，他的分析表明我国注册会计师面临的法律责任并不重。宋衍蘅和肖星（2012）研究发现，在我国注册会计师面对的法律诉讼风险普遍较低的情况下，监管风险才是大型事务所提高审计质量的主要审计风险。吴昊旻等（2015）通过实证研究发现，法律风险的提高有助于整体上提高审计质量，但惩戒手段对大所审计质量的提高效应并不明显。他们进一步分析认为，提升大所的审计质量还需强化政府的监管，他们的研究结论为现阶段政府主导下事务所做大做强提供了政策参考。武恒光（2015）则直接以此次事务所转制事件为背景，研究发现，随着事务所转为特殊普通合伙制后法律责任的增加，审计师的独立性显著提高，且在法律环境越好的地区，转制的这一效应越明显，他的研究结论表明，审计师法律责任的增加有助于审计质量的提高。

第三节 文献评述

综观国内外研究现状和发展动态可知以下六点。

第一，目前尽管已经有文献实证检验了会计师事务所组织形式与审计质量的关系，也有理论研究文献对此问题进行了分析，这些都有助于我们认识二者的关系，但仍然存在一定的局限性。首先，涉及会计师事务所组织形式与审计质量关系的文献研究仍然不多，而且无论是理论模型分析还是实证研究提供的经验证据，都未能取得一致结论。其次，目前只有文献检验了事务所组织形式变迁对IPO折价的影响，而且检验的是事务所组织形式从高法律责任状态转变为低法律责任状态的经济后果，而关于事务所组织形式从低法律责任状态转变为高法律责任状态的经济后果的研究仍相对匮乏，且目前有关会计师事务所转制对审计质量影响的经验研究仍未取得一致结论。

第二，对会计师事务所组织形式与审计质量关系的研究，尚缺乏系统性和深入性，所提供的经验证据也不充分。审计质量表现在审计师发表非标准意见的条件、持续经营意见预测能力、会计盈余的稳健性、会计盈余的信息含量、盈余管理程度等多个方面，但从目前的研究看，仅有部分学者从静态视角初步横向比较了不同组织形式的事务所在发表非标准审计意见和抑制可操控应计额两个方面的差异。另外，尽管此次事务所转制后，国内部分学者研究了此次事务所转制对审计师的审计行为或审计质量的影响，但或许因为受制于研究的时间跨度，他们的研究尚未取得一致结论。而且他们是采用 DID 模型的方法，将转制组与未转制组组成混合样本，比较部分完成转制的事务所与未转制事务所的审计质量差异。但这种 DID 模型的研究方法要求观测样本的独立同分布，难以解决事务所转制过程中的样本自选择偏误问题，因此，如果采用这种研究方法，审计质量的差异也有可能是由事务所本身执业质量差异引起的。可见，要明确事务所组织形式对审计质量的影响机制，还需要更为广泛和系统的研究。

第三，与事务所组织形式联系在一起的法律责任引起了国外广大学者的研究兴趣，这类研究主要集中讨论了审计师法律责任的两个基本问题：一是严格的法律制度和过失的法律制度究竟哪个更优；二是采取何种损失赔偿分担机制更有利于激励审计师提高审计质量。然而，这两方面的研究也都存在不足。首先，尽管对这两个基本问题的研究已经涉及理论研究、实证研究和实验研究等多种研究方法，积累了大量文献，但其中的任何一个问题都没有得出一致答案。其次，对法律责任与审计质量或审计师努力水平的分析均建立在美国的法律制度和历史背景下，尤其与美国允许事务所采取普通合伙制以外的法律规定的其他组织形式，以及美国《证券民事诉讼改革法案》的出台密切相关。这些理论模型和研究结果并不适用于我国法律制度背景下的分析，我国特定的国情，如签字注册会计师制度等与美国情况存在很大差异，这可能会削弱这些理论模型和经验证据在我国的普适性。此外，国外文献主要采用理论研究和实验研究分析法律责任对审计行为的影响，实证研究相对稀缺，且他们的实证研究成果大多以法律责任为切入点，而直接检验事务所组织形式变革引起的法律责任变化与审计质量关系的研究相对较少。进一步的，关于由有限责任公司制转为特殊普通合伙制后的法律责任变化对审计质量的内在影响机制的研究，国外更是鲜有研究涉及。因此，迫切需要实证研究补充经验证据，以深入了解审计师面临的法律责任变化对其审计行为和审计质量的影响规律。

第四，事务所转为特殊普通合伙制，审计师面临的最大改变就是法律责任的增加。一方面，从特殊普通合伙制组织形式的内涵看，这一改变主要是对签字合伙人而言，这是因为，签字合伙人本身就是事务所的所有者和管理者，与签字非合伙人相比，其与事务所的利益目标更具一致性，审计行为往往更加稳健和保守（Gul et al.，2013）。而且在转为特殊普通合伙制之后，签字合伙人的法律责任和潜在诉讼风险大大增加，因此，在转制为特殊普通合伙制之后，相较于签字非合伙人，签字合伙人更可能基于自我保护、降低风险的考虑，提高对客户公司的会计稳健性要求。另一方面，已有的研究表明，执业年限、年龄、性别和学历不同的审计师对风险的厌恶程度不同，表现在专业判断、道德决策、认知偏差、学习应变能力等方面各不相同。可见，要深入研究事务所转制对审计质量的影响规律和途径，还需考虑此次事务所转制后，个人特征不同的审计师的风险偏好，或者说，法律责任的增加会使得不同审计师的审计行为发生何种变化，这一变化是否会因合伙人身份的不同而存在显著差异，再者，个人特征不同的审计师，转制对其所审计客户公司会计稳健性的影响是否不同。然而，至今为止，仍未有文献从审计师个人层面研究事务所转制对个人特征不同的审计师的审计行为的影响规律。

第五，我国资本市场的特定制度背景是国有上市公司占有较大比例，这一特定产权特征对资本市场参与主体产生了重要影响，过去审计领域的文献发现，产权性质会影响审计行为。因此，尽管已有文献研究发现事务所转制将增加审计师的潜在法律风险，提高其执业过程中的风险意识，从而提高审计报告的谨慎性，但面对国有上市企业与非国有上市企业在诸多方面的差异，审计师的反应可能不同。从这一基点出发，本书认为事务所转制对审计质量的积极作用可能还受客户产权性质的影响，因此，要深入认识事务所转制的政策效果，还需要进一步考察事务所转制对不同产权性质客户的审计质量的影响差异。

第六，正如已有文献研究所指出的，审计师的法律责任和风险因事务所组织形式的不同而存在显著差异，与有限责任公司制相比，审计师在特殊普通合伙制组织形式下需承担的法律风险和责任普遍增加。然而从已有文献看，现有研究尽管分析了事务所组织形式对审计师的审计行为的影响，具有一定意义，但在研究其关系时都未考虑客户公司的法律风险。事实上，如 Choi et al. (2005) 所指出的，事务所的法律责任与客户公司的法律风险直接相关，被审计公司的法律风险会显著影响审计收费与审计质量，会计师事务所从有限责任制转为特殊普通合伙制后，法律责任增加。因此，特殊普通合伙制下法律责任的增加能否激励审计师更加重视客户法律风险，从而提高审计师的谨慎性与风险意识，这一问题的经验证据可能有助于我们进一步理解事务所转制对审计质量的影响机制，为全面认识转制的政策效果提供重要参考。

因此，本书以我国财政部要求事务所组织形式转为特殊普通合伙制的自然实验为研究契机，系统研究事务所组织形式变迁对审计质量的影响机制，以事务所转制引起的法律责任变化为切入点，实证研究事务所转制引起的法律责任变化对审计质量的影响路径。一方面，检验事务所转制对审计质量的总体影响；另一方面，将对事务所转制效应的研究从事务所层面延伸至审计师个人层面和审计客户公司层面，分别检验个人特征不同的审计师以及存在异质性的审计客户，其所在事务所转制的政策效果差异。本书的研究结论可以为监管部门加强后续监管提供政策建议，为事务所解决新问题提供理论指导。

第三章 事务所转制对审计质量的总体影响

第一节 引言

组织形式为有限责任制的会计师事务所，是指由注册会计师认购会计师事务所的股份，然后以其认购的股份承担有限责任，并且通过公司制的形式，快速聚集相应数量的注册会计师。我国会计师事务所在脱钩改制时，大部分改制为有限责任会计师事务所，这一现状与国外事务所组织形式以合伙制为主截然不同，引发了学术界的广泛争议。而普通合伙制会计师事务所是由两位或两位以上合伙人组成的合伙组织，有利于提升注册会计师的审计服务质量，扩大事务所的资产和业务规模，增强其抗击风险的能力，但要打造一个跨地区甚至跨国的大型事务所往往需要一个漫长的过程。我国注册会计师行业监管部门也认为，有限责任公司制和普通合伙制的组织形式都不利于会计师事务所做大做强和与国际接轨。为了增强会计师事务所的国际竞争力，2010年7月，我国财政部、国家工商行政管理总局印发《暂行规定》，鼓励大中型会计师事务所于2011年12月31日前转制为特殊普通合伙组织形式①。

---

① 在《暂行规定》实施之前，具备证券资格的普通合伙制事务所仅有广东大华德律事务所和五洲松德事务所，其审计的上市公司数量相对较少且后来均被其他事务所合并，即转制之前大多数事务所为有限责任制。故而，本书重点考察有限责任转换为特殊普通合伙制的现象，下文若未做特殊说明，均指该种形式的转制。

特殊普通合伙制，是在普通合伙制与有限责任合伙制基础上的制度创新，既突出了在故意与重大过失情况下对无过失合伙人的责任认定，又明确了轻微或一般过失合伙人之间的风险共担机制，平衡了规模化经营与风险约束机制问题，有利于事务所进一步做大做强，被认为是"有中国特色的、适合中国国情的新型事务所组织形式"。文件颁布后，立信会计师事务所于 2010 年 12 月 31 日成为首家转制为特殊普通合伙组织形式的会计师事务所。2011 年 4 月和 2012 年 1月，财政部先后发布了《大中型会计师事务所转制为特殊普通合伙组织形式实施细则》《关于调整证券资格会计师事务所申请条件的通知》，截至 2013 年 12 月 31 日，全国具有证券资格的会计师事务所已全部完成向特殊普通合伙制的转变并符合相应条件。

外部审计是证券市场的重要制度安排，只有采取适当的事务所组织形式，才能激励审计师提高审计质量，保护投资者利益，所以，明确事务所组织形式与审计质量的关系，寻求适宜的事务所组织形式，是各国证券监管部门迫切希望解决的问题。Muzatko et al.（2004）研究认为，美国审计市场事务所组织形式由普通合伙转变为有限责任合伙所提高了 IPO 市场的股票折价。Lennox and Li（2012）是一篇研究英国审计市场事务所组织形式变革的文献，作者研究发现，会计师事务所由普通合伙制转为有限责任合伙制后，其审计质量和审计收费并未下降。原红旗和李海建（2003）研究发现，会计师事务所的组织形式并没有对审计意见产生明显影响，Firth et al.（2012）同样对我国会计师事务所的组织形式进行了研究，他们却发现，普通合伙事务所比有限责任公司制事务所更倾向于发表非标准审计意见。从以上文献研究看，他们的研究结果并不一致。因此，仍需深入研究会计师事务所组织形式对审计质量的影响机制。此次由政府推动实施的会计师事务所组织形式的转变，为研究事务所组织形式变革引起的法律责任变化对审计质量的影响途径和规律提供了自然实验机会。

　　本章的研究可能在以下方面拓展了现有文献。首先，现有文献对了解事务所组织形式与审计质量的关系具有重要意义，会计师事务所从法律责任较大的组织形式转变为法律责任较小的组织形式没有引起审计质量的下降（Lennox and Li，2012），但并不能反过来说，从较低法律责任的组织形式转变为较高法律责任的组织形式也不会引起审计质量的变化，这仍然是一个值得研究的话题。李江涛等（2013）、张俊生和张琳（2014）、Wang and Dou（2015）运用双重差分方法，控制了影响审计质量的系统性因素，有利于更好地解释事务所转制带来的净效应。然而，他们将未转制的事务所作为对照样本，与已完成转制的事务所组成混合样本建立 DID 模型的方法，仍然避免不了样本的自选择问题，这是因为事务所转制是陆续开展的，规模较大的事务所先转制，所以在同一年度，转制的一般为大所，而未转制的多为中小所，此时，转制事件的虚拟变量（1，0）和事务所规模的虚拟变量（1，0）存在高度重复，从而造成研究结果很可能是会计师事务所的规模差异带来的，即大所与小所审计质量的差异，而非事务所转制带来的审计质量差异。而且，上述文献都是从横截面角度分析未转制的事务所与已完成转制的事务所的审计质量差异，这种差异也有可能是由事务所本身执业质量差异引起的。因此，本章将已转制事务所在转制前后一年所审计客户公司作为样本，从纵向角度进行重新考察，提供了一种新的思路，这种纵向分析是对同一公司在事务所转制前后相邻两年的比较，更好地解决了样本自选择的偏误问题。

　　其次，本章的研究结论对解释现有研究发现的分歧具有一定帮助。原红旗和李海建（2003）以及 Firth et al.（2012）是从截面的视角直接研究了事务所组织形式与审计意见决策的关系，但并未取得一致结论，最新的国内实证研究文献尽管从审计意见类型（聂曼曼等，2014；张俊生和张琳，2014）或盈余管理（刘行健和王开田，2014；耿红娟，2014）的视角研究了事务所转制对审计质量的影响，但或许受制于研究时间跨度的限制，以上文献只对部分完成转制的会计师事务所从审计质量的某一方面度量指标进行了研究，而且也未取得一致的研究结论。事实上，审计意见、盈余管理等都只是审计质量的度量指标之一而已，仅根据其中一个指标的变化得出审计质量提高或下降的结论显然是不够稳健的，故本章结合上述研究，从审计意见、盈余管理、会计稳健性三个角度进行全面分析：第一，转变为特殊普通合伙制后，事务所是否更倾向于发表非标准审计意见；第二，转变为特殊普通合伙制前后，盈余质量是否发生变化，分别采用可操控应计额和线下项目作为盈余管理程度的测度指标；第三，转变为特殊普通合伙制后，会计稳健性是否提高。回归结果一致表明，会计师事务所转变为特殊普通合伙制后，审计质量提高，发表非标准意见的概率更高，审计后的盈余质量更高，会计稳健性更高，达到了监管层预期的政策效果，研究结果更加稳健。

第二节　理论分析与研究假设

一　理论分析

会计师事务所组织形式变革给审计师带来的最大冲击就是法律责任的改变，事务所转制之后，根据《会计师事务所特殊普通合伙协议范本》规定："一个合伙人或者数个合伙人在执业活动中因故意或重大过失造成事务所债务的，应当承当无限责任或者无限连带责任；其他合伙人以其在事务所中的财产份额为限承担责任。"而《公司法》第三条规定："有限责任公司的股东以其认缴的出资额为限对公司承担责任。"由此可以看出，如果审计失败的情况发生，合伙人要根据执业活动中的过错大小确定应该承担的责任，特殊普通合伙制下有过错合伙人的法律责任和诉讼风险增加了，而关于法律责任改变对审计行为和审计质量的影响，国内外已有大量文献进行了研究。比如，Moore and Scott（1989）认为，强化法律责任将缩小审计期望差距；Schwartz（1997）、Liu and Wang（2006）以及我国学者刘更新和蔡利（2010）也都认为，严厉的法律责任制度有利于审计师发挥最佳的努力水平，提高审计质量；Shu（2000）发现审计师辞聘与客户公司增加的法律诉讼风险正相关；Seetharaman et al.（2002）发现，英国审计师对在美国上市的公司收取了更高的审计费用；Khurana and Raman（2004）研究发现，就投资者感知的审计质量来看，法律诉讼风险越高，审计质量越高；Blay（2005）采用实验研究方法考察了法律诉讼风险对审计意见的影响，研究发现面临高法律诉讼风险时，审计师出具非标准意见的概率更高；Choi et al.（2008）发现，法律制度更加严厉时，审计费用将增加；Hope and Langli（2010）研究发现，在挪威这个法律诉讼风险相对较低的国家，当审计师向客户收取更高的费用时，其审计意见的发表并未受到影响。

　　还有一些文献从法律诉讼赔偿责任及分担方式的角度研究了审计师法律责任与审计质量的关系。Dye（1993）和 Dye（1995）都认为加大赔偿责任有助于提高审计质量。Chan and Pae（1998）和 Hillegeist（1999）分析了美国证券民事诉讼改革法案用按责任比例承担法律责任（PLR）取代原来的连带法律责任（JSLR）对审计质量的影响。Chan and Pae（1998）分析认为，在考虑法律环境变化对财务报表用户诉讼决策的影响之后，使用 PLR 取代 JSLR，放松对审计师的法律责任，会降低均衡状态时的审计师努力水平、法律诉讼概率、公司市值和审计费用。Hillegeist（1999）的分析也发现，如果企业所有者的报告策略和审计师的审计质量之间存在策略互动，那么采用 PLR 取代 JSLR 将会导致审计质量下降。Gramling et al.（1998）采用实验研究的方法进一步发现，中等风险的客户公司的审计师努力水平在 JSLR 法律制度下高于 PLR 法律制度下。Yu（2011）采用实验研究方法发现，严格的法律制度与 PLR 规则相结合才是最佳选择。Burton et al.（2011）也采用实验研究的方法发现，在审计处罚为确定性状态时的审计师努力水平高于审计处罚为偏态分布状态时的审计师努力水平。Smith（2012）通过实验研究发现，进一步降低审计师因审计失败而应承担的法律赔偿责任，投资者将会认为此举导致了审计质量的下降，而审计质量的下降又将引起管理层削减投资。我国学者刘彬和韩传模（2011）通过博弈模型分析认为，特殊普通合伙制的无限责任赔偿更能促使事务所提高审计质量。宋衍蘅和肖星（2012）也认为审计师面临的法律风险与审计质量正相关。

二 研究假设

关于事务所组织形式的文献，大多是从静态视角出发，比较研究不同组织形式下会计师事务所审计质量的差异。比如，Muzatko et al.（2004）以 1994 年美国审计市场事务所组织形式由普通合伙事务所转制为有限责任合伙所为契机，研究了会计师事务所组织形式变革对 IPO 折价的影响。他们发现，伴随着事务所组织形式的变革，法律责任下降，高诉讼风险 IPO 公司的折价率显著提高，他们的研究结论间接表明了会计师事务所由法律责任较大转为法律责任较小的组织形式后，审计质量下降。但 Lennox and Li（2012）采用英国的样本分析发现，尽管事务所从无限责任的普通合伙所转变为有限责任合伙所后，法律责任减轻了，但并没有证据表明事务所提供的审计质量有所下降，不过他们发现事务所转变为有限责任合伙所后，其客户组合中高风险的上市公司有所增加。针对我国审计市场的研究中，原红旗和李海建（2003）、Firth et al.（2012）比较了不同组织形式事务所的审计报告行为。原红旗和李海建（2003）认为，会计师事务所组织形式与审计意见没有显著关系，造成这一结果的原因，他们认为可能在于不同组织形式的事务所在选择客户时已经考虑了客户公司的财务风险特征。但 Firth et al.（2012）的结论与原红旗和李海建（2003）的不同，他们的研究结果表明，会计师事务所在普通合伙制下比在有限责任公司制下更倾向于发表非标准审计意见或持续经营意见，审计师的审计报告行为更加谨慎，审计质量更高。

　　我国自 2010 年推动事务所转制以来，一些文献分析了未转制的事务所与已完成转制的事务所的审计质量差异。比如，Wang and Dou（2015）以 2007~2012 年的上市公司为样本，通过比较部分完成转制的事务所与未转制事务所审计意见的变化，发现转制显著抑制了客户的正向盈余操控行为，且对客户审计意见的影响主要出现在转制后的第一年。他们还进一步考虑了事务所规模和客户公司的所有权性质，但并未发现转制对审计质量的影响因事务所规模和所有权性质的不同而存在显著不同。刘启亮等（2015）从签字审计师角度研究了转制后非标准审计意见的变化和审计客户盈余管理水平的差异，他们的研究表明，事务所转制后审计质量显著提高。聂曼曼等（2014）研究发现，与有限责任公司制组织形式下的事务所相比，特殊普通合伙制下的事务所发表非标准审计意见的概率显著更高。但张俊生和张琳（2014）的研究结果表明，会计师事务所组织形式变为特殊普通合伙制后，审计师出具的审计意见类型、客户企业的会计稳健性均未发生显著变化。李江涛等（2013）发现事务所转制后审计定价有所提高，但在控制影响审计定价的系统性因素后，二者并没有直接联系。刘行健和王开田（2014）发现，事务所转制政策颁布的当年，其所审计客户公司的正向盈余管理幅度显著下降，但并未发现在事务所实际完成转制的前后两年，其所审计客户公司的正向可操控应计额出现显著差异。耿红娟（2014）发现在控制了影响审计质量的审计主体、审计客体及审计环境等相关因素的情况下，会计师事务所转制与盈余管理程度显著负相关。

通过以上分析不难看出，事务所转制为特殊普通合伙制，虽然加大了事务所（审计师）的法律责任，但是否能改变事务所（审计师）的审计报告行为，提高其审计服务质量尚未确定。尽管国内有些学者对此进行了研究，然而他们都是从横截面的角度检验未转制的事务所与已完成转制的事务所的审计质量差异，而这种差异有可能是由事务所本身的执业质量差异引起的，且他们也未取得一致的研究结论。因此，在已有研究的基础上，本章从审计意见、盈余管理和会计稳健性三个角度纵向分析事务所转制对审计质量的影响，提出如下研究假设。

假设 3 - 1：事务所转制后审计师的审计报告行为更加谨慎，出具非标准审计意见的概率更高。

假设 3 - 2：事务所转制之后，所审计客户公司的可操控应计额和利用线下项目操控盈余管理的程度都显著下降。

假设 3 - 3：事务所转制后，所审计客户公司的会计稳健性显著提高，盈余质量更高。

第三节　研究设计

一　研究样本与数据来源

自我国财政部 2010 年 7 月《暂行规定》（财会〔2010〕12 号）发布至 2013 年 12 月 31 日，全国具有证券资格的会计师事务所均已完成向特殊普通合伙制的转变，可以获得全部已完成转制的事务所的样本。因此，本章选取已转制事务所在转制前一年和转制当年

（转制前后相邻两年）所审计的同一批客户公司作为研究样本①。如表 3-1 所示，2010 年有 3 家事务所完成转制，对应转制前（2009 年）和转制当年（2010 年）所审计客户公司数量各为 209 家，2011 年有 10 家事务所完成转制，对应转制前一年（2010）和转制当年（2011 年）所审计客户公司数量各为 410 家，依此类推，选取研究期间陆续完成转制的事务所审计的客户公司，并剔除转制前后相邻两年更换了事务所的公司样本，得到事务所完成转制当年所审计客户公司共 1515 家，对应转制前一年所审计同一批客户公司共计 1515 家，最终得到的样本观测值总数为 3030 家，全部是已转制事务所审计的同一批客户公司样本。本章所使用相关数据均来自 CSMAR 数据库或中注协网站，部分财务指标通过手工搜集并计算获得，对所有非自然对数连续变量在 1% 和 99% 水平上进行了 Winsorize 处理，以消除极端值对研究结果可能造成的影响。

表 3-1　样本构成基本情况

单位：家

数量	2009 年	2010 年	2011 年	2012 年	2013 年	合计
完成转制的事务所数量	—	3	10	9	26	48
转制当年所审计客户公司数量	0	209	410	296	600	1515
转制前一年所审计客户公司数量	209	410	296	600	0	1515
合计	209	619	706	896	600	3030

---

① 本章之所以截取事务所转制前后一年的数据作为研究样本，主要是考虑到签字审计师通常对转制当年的反应最为敏感，后续会随着时间推移逐渐减弱，将转制前后几年的样本都纳入回归分析，可能会削弱对转制效果的研究。Chen et al.（2006）在分析审计环境对审计师出具审计意见的影响时，也是以审计师当年所出具的非标意见而非连续几年的数据来分析审计环境变化的效应。当然，事务所在 2013 年底全部完成转制，随着对事务所转制事件研究的深入，本书也对事务所转制的长期效应做了进一步研究。

二 计量模型与变量含义

(一) 审计质量的替代变量

由于审计质量无法直接观测，而审计师对被审计单位进行审计后，有两个可以观察到的审计结果输出产品：一是审计意见；二是财务报表。因此，考察审计师的审计质量，也可以从这两个视角出发（Francis，2011），即分别从审计意见与财务报表质量（盈余质量）两个视角考察事务所转制对审计质量的影响。财务报表质量通过盈余质量特性体现，Dechow et al. (2010) 对盈余质量特性进行了详细分析，根据他们的分析结果，同时结合本书可获得的样本的特点，拟分别采用盈余管理和会计稳健性这两个盈余质量指标作为审计质量的代理变量。

1. 审计意见

过去的文献将更倾向于发表非标准意见或持续经营意见作为审计质量更好的体现（Francis and Krishnan，1999；Hope and Langli，2010；Firth et al.，2012；Lennox and Li，2012；原红旗和李海建，2003；陈小林和林昕，2011），同时 Firth et al. (2012)、Wang and Dou (2015)、聂曼曼等 (2014)、张俊生和张琳 (2014) 等在研究这一问题时也使用了审计意见这一指标。因此，本书首先从审计意见的视角考察事务所转制对审计质量的影响，并将审计意见划分为标准无保留审计意见（Clean Opinions）和非标准意见（Modified Audit Opinions，MAO），非标准意见包括标准无保留意见和解释说明段（Unqualified with Explanations）、保留意见（Qualified）、无法表示意见（Disclaimer）。

2. 盈余管理

盈余管理是度量审计质量的重要指标，在过去的文献中得到广泛运用。比如，Becker et al.（1998）、Krishnan（2003）、Hsieh and Tsai（2004）、Piot and Janin（2007）、Chen et al.（2008）、Davis et al.（2009）、吴水澎和李奇凤（2006）、陈信元和夏立军（2006）、刘峰和周福源（2007）、沈玉清等（2009）等在分析审计师行业专长、事务所规模和审计任期对审计质量的影响时都使用了盈余管理指标。Francis and Krishnan（1999）、Bartov et al.（2000）、Butler et al.（2004）、章永奎和刘峰（2002）、徐浩萍（2004）等研究审计师的治理作用时，也考察了非标准审计意见对盈余管理的敏感性。因此，本书首先将盈余管理作为审计质量的代理变量，并借鉴 Caramanis and Lennox（2008）、Gunny and Zhang（2013）、Wang and Dou（2015）等的做法，采用可操控应计额作为盈余管理的度量指标。本章对盈余管理的度量采用了以下两种方法。

一是可操控应计额 DA。DA 的计算采用了 Kothari et al.（2005）提出的 ROA-matched 模型，计算过程如下。

$$TA_t/A_{t-1} = \beta_1(1/A_{t-1}) + \beta_2(\Delta REV_t/A_{t-1}) + \beta_3(PPE_t/A_{t-1}) + \beta_4 ROA_t + \varepsilon$$

上式中：TA_t 代表总应计利润，通过公司的经营利润减去经营活动产生的净现金流获得；A_{t-1} 代表公司上期期末的资产总额；ΔREV_t 代表销售收入增加额，通过公司本期销售收入减去上期销售收入获得；PPE_t 代表公司本期固定资产原值；ROA_t 代表公司本期的总资产收益率；ε 为残差。

二是线下项目 BL。参考 Gul et al.（2013）、罗党论和黄旸杨（2007）的做法，线下项目通过计算获得，即用当年的投资净收益、其他业务利润和营业外收支净额之和除以当年净利润。

3. 会计稳健性

会计稳健性作为盈余质量的另一重要特征（Ball and Shivakumar，2005），被广泛运用于我国上市公司报告的会计盈余中（李增泉和卢文彬，2003），也是审计质量的重要代理变量。这是因为，会计师事务所转制后，注册会计师承担的潜在诉讼风险和法律责任增加，审计人员在高诉讼成本的压力下会采取更为谨慎的会计政策（Ball et al.，2000），所以，会计稳健性可以作为衡量审计质量的替代变量。为了稳健起见，根据 Wang et al.（2008）以及张兆国等（2012）的建议，对于会计稳健性的衡量，本书采用了两种方法：一是 Basu（1997）提出的盈余—股票报酬计量法；二是 Ball and Shivakumar（2005）提出的应计—现金流计量法。

（二）计量模型

1. 审计意见模型

将审计意见作为审计质量的替代变量时，借鉴 Firth et al.（2012）、Lennox and Li（2012）、Wang and Dou（2015）、刘启亮等（2015）的研究，本书构建如下模型：

$$
\begin{aligned}
OP = {} & \alpha + \beta_1 LLP + \beta_2 LNTA + \beta_3 ROE + \beta_4 LEV + \beta_5 LOSS \\
& + \beta_6 ARINT + \beta_7 CURRENT + \beta_8 TURNOVER + \beta_9 CASH \\
& + \beta_{10} BETA + \beta_{11} DELIST + \beta_{12} BL + \beta_{13} LAGOP + \varepsilon
\end{aligned}
\quad (3-1)
$$

在模型（3-1）中，OP 为因变量，表示审计意见的类型，如果公司收到非标准意见等于1，其他等于0。表3-2列示了样本研究期间审计客户公司收到的审计意见类型的基本情况。从表3-2中可以看出，非标准审计意见类型的比重由转制前一年的2.38%上升为转制后的2.9%。其中，标准无保留意见和解释说明段与保留意见的比重分别由1.65%和0.66%提高到1.91%和0.92%，无法表示意见的数量和比重未发生改变。

LLP 为待检验变量，事务所转制为特殊普通合伙制后其值等于

1，其他情况等于 0[①]。模型（3 - 1）中要检验的是 LLP 的系数 β_1，如果 β_1 显著为正，表明在其他条件不变的情况下，较之转制前，事务所转制后审计师更倾向于发表非标准审计意见，审计行为更加谨慎，审计质量提高。

表 3 - 2　不同审计意见类型的数量和比重

单位：份，%

时期	标准无保留审计意见		非标准意见						合计	
			标准无保留意见和解释说明段		保留意见		无法表示意见			
	数量	比重	数量	比重	数量	比重	数量	比重	数量	比重
转制前	1479	97.62	25	1.65	10	0.66	1	0.07	1515	100
转制后	1471	97.10	29	1.91	14	0.92	1	0.07	1515	100
合计	2950	—	54	—	24	—	2	—	3030	—

模型（3 - 1）中控制变量的选取过程如下。首先，根据 Dopuch et al.（1987）、DeFond et al.（1999）、Lim and Tan（2008）、Firth et al.（2012）等文献，在模型（3 - 1）中引入变量 $LNTA$、ROE、LEV、$ARINT$、$CURRENT$，以控制客户公司规模等财务特征可能对审计质量产生的影响。其次，我国规定上市公司进行再融资或者避免被退市均需达到一定的盈利阈值，而这很可能会加剧客户公司的盈余操纵，进而导致其收到非标准审计意见的概率上升（Chen et al.，2001；Chan et al.，2006），因此在模型（3 - 1）中还引入控制变量 $LOSS$ 和

[①] 会计师事务所转制时间的界定以其在财政部登记成立特殊普通合伙制的具体时间为准。特别的，国富浩华、中瑞岳华分别于 2011 年 2 月 14 日、2011 年 2 月 16 日登记完成转制，其股东大会成立的日期应该更早，而客户公司的审计年报一般在 4 月 30 号之前出具，显然两家事务所在对客户公司 2010 年度财务报告进行审计时已经完成转制，因此将国富浩华和中瑞岳华的转制时间界定为 2010 年。对其他类似转制完成登记时间处于年度 1 月 1 日至 4 月 30 日之间的事务所，本书都做相同处理。

DELIST。再次，已有文献发现审计意见类型具有高度连续性（Dopuch et al., 1987；Lennox, 1999；Lennox, 2000），因此模型在（3–1）中引入 *LAGOP* 作为虚拟控制变量以控制上年审计意见对本年审计意见的影响。最后，在模型（3–1）中还引入了反映客户公司资产经营质量与利用效率的变量 *TURNOVER*、反映资产流动性的变量 *CASH*、反映公司系统性风险的 *BETA* 系数及反映客户公司盈余操纵幅度的变量 *BL*。

2. 盈余管理计量模型

关于盈余管理的度量，为了更稳健地检验事务所转制对盈余管理程度的影响，分别采用可操控应计额（Caramanis and Lennox, 2008；Gunny and Zhang, 2013；原红旗和韩维芳，2012）和线下项目（Gul et al., 2013；罗党论和黄昀杨，2007）两个度量指标，并据此建立如下检验模型：

$$EM = \partial + \lambda_1 LLP + \lambda_2 LNTA + \lambda_3 ROE + \lambda_4 LEV + \lambda_5 LOSS$$
$$+ \lambda_6 AGE + \lambda_7 ARINT + \lambda_8 CURRENT + \lambda_9 CATA$$
$$+ \lambda_{10} CFO + \lambda_{11} GROWTH + \lambda_{12} OP + \lambda_{13} BETA + \varpi \qquad (3-2)$$

在模型（3–2）中，因变量 *EM* 表示盈余管理，分别用可操控应计额[①]和线下项目进行度量。控制变量的选择根据 Gul et al. (2013)、Wang and Dou (2015)、罗党论和黄昀杨（2007）进行：*AGE* 为公司上市年限，*CATA* 为流动资产除以净资产，*CFO* 为经营活动现金净流量除以总资产，*GROWTH* 为营业收入增长率，其余控制变量的含义与模型（3–1）中出现的相同。模型（3–2）要检验的是变量 *LLP* 的系数 λ_1，如果 λ_1 显著为负，则表明在其他条件不变的情况下，事务所转制后所审计客户公司的可操控应计额以及线下项目都有所减

---

① 鉴于客户公司调高盈余的动机更强，我们预期事务所转制能够显著抑制客户公司调高盈余的行为，即降低可操控应计额的水平，因此，模型（3–2）中采用可操控应计额而非其绝对值作为盈余管理的度量指标之一。

小，盈余管理程度降低，审计质量提高。

3. 会计稳健性计量模型

会计稳健性的计量方法众多，根据 Wang et al.（2008）、张兆国等（2012）的分析，Basu（1997）提出的盈余—股票报酬计量法与 Ball and Shivakumar（2005）提出的应计—现金流计量法在现有的国内外文献中被广泛采用，而且可靠性较高，具有比较优势。因此，将会计稳健性作为审计质量的代理变量时，其计算也分别采用了以上两个模型。一个是建立在 Basu（1997）基本模型[①]的基础上，具体如下：

$$
\begin{aligned}
E/P = {} & \varepsilon + \gamma_1 R + \gamma_2 DR + \gamma_3 R \times DR + \gamma_4 LLP + \gamma_5 LLP \times R + \gamma_6 LLP \times DR \\
& + \gamma_7 LLP \times R \times DR + \gamma_8 LNTA + \gamma_9 LNTA \times R + \gamma_{10} LNTA \times DR \\
& + \gamma_{11} LNTA \times R \times DR + \gamma_{12} MB + \gamma_{13} MB \times R + \gamma_{14} MB \times DR \\
& + \gamma_{15} MB \times R \times DR + \gamma_{16} LEV + \gamma_{17} LEV \times R + \gamma_{18} LEV \times DR \\
& + \gamma_{19} LEV \times R \times DR + \mu
\end{aligned}
\tag{3-3}
$$

在模型（3-3）中，E/P 为每股收益除以期初的股票开盘价，R 为从当年 5 月 1 日至下年 4 月 30 日的个股年回报率，DR 为虚拟变量，如果个股年回报率小于 0 则 DR 等于 1，否则等于 0。根据 Basu（1997），采用股票回报的正负作为好消息或坏消息的指征，DR 小于 0 表示坏消息，大于 0 则表示好消息，如果会计盈余对坏消息的反应更快则认为更稳健。因此，根据 Basu（1997）的模型，$R \times DR$ 的系数 γ_3 度量的是会计稳健性。模型（3-3）是在 Basu（1997）的基本模型的基础上引入虚拟变量 LLP，如果事务所转型为特殊普通合伙制，则 LLP 设为 1，其他为 0。模型（3-3）要检验的系数为交互项 $LLP \times R \times DR$ 的系数 γ_7。如果 γ_7 显著为正，说明事务所转制后，

---

① Basu（1997）的基本模型为：$E/P = \varepsilon + \gamma_1 R + \gamma_2 DR + \gamma_3 R \times DR + \mu$。

会计稳健性得到提高，反之，$\gamma 7$ 显著为负，则说明事务所转制后，会计稳健性下降。

另一个是建立在 Ball and Shivakumar（2005）基本模型[①]的基础上，具体如下：

$$ACC = \alpha + \xi_1 CFO + \xi_2 DCFO + \xi_3 CFO \times DCFO + \xi_4 LLP + \xi_5 LLP \times CFO$$
$$+ \xi_6 LLP \times DCFO + \xi_7 LLP \times CFO \times DCFO + \xi_8 LNTA + \xi_9 LNTA \times CFO$$
$$+ \xi_{10} LNTA \times DCFO + \xi_{11} LNTA \times CFO \times DCFO + \xi_{12} MB + \xi_{13} MB \times CFO$$
$$+ \xi_{14} MB \times DCFO + \xi_{15} MB \times CFO \times DCFO + \xi_{16} LEV + \xi_{17} LEV \times CFO$$
$$+ \xi_{18} LEV \times DCFO + \xi_{19} LEV \times CFO \times DCFO + \eta \qquad (3-4)$$

在模型（3-4）中，ACC 为总应计额，CFO 为来自经营活动的净现金流量除以总资产，$DCFO$ 为虚拟变量，如果 CFO 小于 0，则 $DCFO$ 等于 1，否则等于 0。除以上变量外，其他变量含义与前文所出现的相同。根据 Ball and Shivakumar（2005）基本模型的分析，现金流为负时表现为损失发生，而稳健性下经济损失被及时确认表现为当期应计为负，那么损失发生时表现为现金流和应计数都为负，二者存在正相关关系，因此，如果存在会计稳健性，$CFO \times DCFO$ 的系数 ξ_3 应大于 0。模型（3-4）是在 Ball and Shivakumar（2005）基本模型的基础上引入虚拟变量 LLP，其含义与前文所出现的相同。待检验的系数是交互项 $LLP \times CFO \times DCFO$ 的系数 ξ_7，如果事务所转制之后客户公司的会计稳健性提高，那么预期 ξ_7 也应显著为正。

模型（3-3）和模型（3-4），均根据 Khan and Watts（2009）和 Chen et al.（2010）的建议，控制了公司的资产规模 $LNTA$、股东权益的市场价值与账面价值之比 MB、公司的财务杠杆 LEV。模型（3-1）至模型（3-4）中涉及的变量具体含义如表 3-3 所示。

---

① Ball and Shivakumar（2005）的基本模型为：$ACC = \alpha + \xi_1 CFO + \xi_2 DCFO + \xi_3 CFO \times DCFO + \eta$。

表 3-3　变量定义

因变量	定义
OP	如果公司收到非标准意见等于1，否则等于0
EM	公司的盈余管理水平，分别用 DA 和 BL 两个指标度量
DA	采用 Kothari et al.（2005）提出的 ROA-matched 模型计算的可操控应计额
E/P	每股收益除以期初的股票开盘价
ACC	总应计额

自变量	定义
LLP	事务所转制为特殊普通合伙制等于1，否则等于0
R	从当年5月1日至下年4月30日的个股年回报率
DR	如果个股年回报率小于0则等于1，否则等于0
CFO	来自经营活动的净现金流量除以总资产
DCFO	如果经营活动净现金流量小于0则等于1，否则等于0
LNTA	资产总额的自然对数
ROE	净资产报酬率（股东权益回报率）
LEV	负债总额除以资产总额
LOSS	公司前两年存在亏损等于1，否则等于0
ARINT	应收账款与存货之和再除以总资产
CURRENT	流动资产除以流动负债
TURNOVER	销售总额除以资产总额
CASH	现金与现金等价物之和除以资产总额
BETA	反映系统性风险的贝塔系数
DELIST	如果 ROE 处于（0，1%）之间等于1，否则等于0
BL	线下项目，为投资净收益、其他业务利润、营业外收支净额之和除以净利润
LAGOP	如果公司上一年收到的审计意见为非标准意见等于1，否则等于0
AGE	公司的上市年限
CATA	流动资产除以净资产

因变量	定义
GROWTH	营业收入增长率
MB	股东权益的市值和账面价值之比

第四节　实证结果与分析

一　描述性统计与单变量分析

表 3 – 4 列示了事务所转制前后，其所审计客户公司相关变量的描述性统计与单变量分析结果。从表 3 – 4 中可以看出，事务所转制前共出具标准无保留意见 1479 份，非标准审计意见 36 份，转制后则分别为 1471 份与 44 份，可见事务所转制后出具非标准审计意见的概率有所提高。Panel A 中事务所转制前（$LLP = 0$），客户公司的多数财务特征变量在收到标准审计意见组（$MAO = 0$）和非标准审计意见组（$MAO = 1$）之间的均值、中位数检验结果是显著的，在事务所转制后（$LLP = 1$），这些公司多数特征变量的检验结果也十分显著。这说明，无论事务所转制之前还是转制之后，收到非标准审计意见与收到标准审计意见的客户公司之间的财务状况是存在显著差异的，这在某种程度上表明审计师出具的审计意见反映了公司的财务状况和经营水平。Panel B 中 Z 检验结果显示：在收到标准审计意见组（$MAO = 0$），公司多数财务特征变量在事务所转制前后的中位数检验结果都是不显著的（资产规模等少数变量除外）；在收到非标准审计意见组（$MAO = 1$），所有变量的中位数检验结果都不显著。这说明被审计客户公司在事务所转制前后的整体财务状况并没有发生显著变化，这在一定程度上排除了客户公司本身财务状况的变化对

事务所出具审计意见所造成的影响，表明审计意见计量模型的回归
结果是稳健的。

表 3 - 4　描述性统计与单变量分析

	Panel A					
	LLP = 0			LLP = 1		
变量	MAO = 0 (1479)	MAO = 1 (36)		MAO = 0 (1471)	MAO = 1 (44)	
	均值 （中位数）	均值 （中位数）	T test （Z test）	均值 （中位数）	均值 （中位数）	T test （Z test）
LNTA	21.827 (21.615)	20.749 (20.772)	5.019 *** (4.923 ***)	21.976 (21.780)	21.075 (20.869)	4.060 *** (4.328 ***)
ROE	0.104 (0.079)	0.012 (0.025)	0.764 (4.694 ***)	0.067 (0.075)	-4.538 (0.012)	6.289 *** (6.010 ***)
LEV	0.443 (0.459)	0.510 (0.501)	-1.821 * (-1.713 *)	0.453 (0.465)	0.567 (0.574)	-3.439 *** (-3.144 ***)
LOSS	0.111 (0.000)	0.583 (1.000)	-8.763 *** (-8.551 ***)	0.120 (0.000)	0.591 (1.000)	-9.277 *** (9.026 ***)
ARINT	0.267 (0.239)	0.232 (0.229)	1.194 (1.172)	0.275 (0.253)	0.240 (0.174)	1.313 (1.820 *)
CURRENT	2.745 (1.528)	1.580 (1.076)	1.945 * (4.097 ***)	2.480 (1.550)	1.437 (1.198)	2.205 ** (3.388 ***)
TURNOVER	0.676 (0.558)	0.495 (0.354)	2.276 ** (2.759 ***)	0.679 (0.559)	0.497 (0.390)	2.543 ** (3.199 ***)
CASH	0.209 (0.157)	0.151 (0.073)	2.032 ** (3.233 ***)	0.180 (0.139)	0.145 (0.102)	1.589 (2.632 ***)
BETA	0.988 (1.000)	0.887 (0.815)	1.637 (1.467)	0.947 (0.947)	0.922 (0.964)	0.448 (0.136)
DELIST	0.040 (0.000)	0.139 (0.000)	-2.924 *** (-2.917 ***)	0.044 (0.000)	0.045 (0.000)	-0.062 (-0.062)

Panel A						
	LLP = 0			LLP = 1		
变量	MAO = 0 (1479)	MAO = 1 (36)		MAO = 0 (1471)	MAO = 1 (44)	
	均值 (中位数)	均值 (中位数)	T test (Z test)	均值 (中位数)	均值 (中位数)	T test (Z test)
BL	0.718 (0.150)	3.336 (0.398)	-6.678*** (-2.203***)	0.689 (0.170)	1.723 (0.174)	-3.317*** (-0.305)
LAGOP	0.015 (0.000)	0.667 (1.000)	-27.592*** (-22.512***)	0.009 (0.000)	0.523 (1.000)	-26.746*** (-22.046***)

Panel B						
	MAO = 0			MAO = 1		
变量	LLP = 0 (1479)	LLP = 1 (1471)		LLP = 0 (36)	LLP = 1 (44)	
	均值 (中位数)	均值 (中位数)	T test (Z test)	均值 (中位数)	均值 (中位数)	T test (Z test)
LNTA	21.827 (21.615)	21.976 (21.780)	-3.145*** (-3.407***)	20.749 (20.772)	21.075 (20.869)	4.060*** (-0.933)
ROE	0.104 (0.079)	0.067 (0.075)	1.913* (2.169**)	0.012 (0.025)	-4.538 (0.012)	6.289*** (1.267)
LEV	0.443 (0.459)	0.453 (0.465)	-1.232 (-1.105)	0.510 (0.501)	0.567 (0.574)	-3.439*** (-1.19)
LOSS	0.111 (0.000)	0.120 (0.000)	-0.802 (-0.802)	0.583 (1.000)	0.591 (1.000)	-9.277*** (-0.068)
ARINT	0.267 (0.239)	0.275 (0.253)	-1.366 (-1.352)	0.232 (0.229)	0.240 (0.174)	1.313 (0.164)
CURRENT	2.745 (1.528)	2.480 (1.550)	2.144** (0.848)	1.580 (1.076)	1.437 (1.198)	2.205** (-0.890)
TURNOVER	0.676 (0.558)	0.679 (0.559)	-0.137 (-0.400)	0.495 (0.354)	0.497 (0.390)	2.543** (0.087)

续表

	Panel B					
	MAO = 0			MAO = 1		
变量	LLP = 0 (1479)	LLP = 1 (1471)		LLP = 0 (36)	LLP = 1 (44)	
	均值 (中位数)	均值 (中位数)	T test (Z test)	均值 (中位数)	均值 (中位数)	T test (Z test)
CASH	0.209 (0.157)	0.180 (0.139)	4.896*** (3.827***)	0.151 (0.073)	0.145 (0.102)	1.589 (−0.077)
BETA	0.988 (1.000)	0.947 (0.947)	3.107*** (3.465***)	0.887 (0.815)	0.922 (0.964)	0.448 (−0.513)
DELIST	0.040 (0.000)	0.044 (0.000)	−0.491 (−0.491)	0.139 (0.000)	0.045 (0.000)	−0.062 (1.462)
BL	0.718 (0.150)	0.689 (0.170)	0.373 (−1.636)	3.336 (0.398)	1.723 (0.174)	−3.317*** (1.19)
LAGOP	0.015 (0.000)	0.009 (0.000)	1.514 (1.514)	0.667 (1.000)	0.523 (1.000)	−26.746*** (1.293)

注：***、**、* 分别表示在 1%、5% 和 10% 的显著性水平上显著，$LLP=1$ 和 $LLP=0$ 分别表示事务所转制前和转制后，$MAO=1$ 和 $MAO=0$ 分别表示非标准审计意见和标准无保留审计意见。

二　多元回归分析

表 3-5 显示了模型（3-1）的多元回归结果。从表 3-5 中可见，全样本下，待检验变量 LLP 的系数为 0.2799，且在 5% 水平上显著。这意味着，与转制前相比，会计师事务所在转为特殊普通合伙制之后，更倾向于对客户公司出具非标准审计意见。结果表明，特殊普通合伙制下审计师发表非标准审计意见的概率更高，审计报告行为更加谨慎，这与 Firth et al.（2012）的研究结果是一致的。控制变量 LNTA、ROE 和 TURNOVER 的系数分别在 1%、5% 和 10% 的水平上显著为负，说明客户公司的资产规模越小、盈利能力越差、

资产的经营质量和利用效率越低，收到非标准审计意见的概率越高，这与 Dopuch et al.（1987）、DeFond et al.（1999）、Lim and Tan（2008）的发现相同。*LOSS* 和 *BL* 的系数分别在 1% 和 10% 的水平上显著为正，说明客户公司亏损情况越严重、盈余操控程度越大，收到非标准审计意见的概率越高，这与 Chen et al.（2001，2006）的研究结果相一致。*LAGOP* 的系数在 1% 的水平上显著为正，说明审计意见具有高度连续性，公司收到的上年度审计意见与本年度的审计意见显著正相关，这与 Dopuch et al.（1987）、Lennox（1999，2000）的发现相一致。以上研究结果表明，控制变量的回归结果与已有文献的研究结果是一致的。

考虑到在此次会计师事务所组织形式向特殊普通合伙制转变的过程中，四大会计师事务所①还同时进行了本土化转制，从而造成很难区分两种转制对审计质量的净效应，因此，将四大会计师事务所样本删除后对模型进行重新回归。此外，标准无保留意见中的解释说明段，是对被审计单位存在的可能对其持续经营能力产生重大影响的事项或情况，以及其他可能对财务报表产生重大影响的不确定性事项的说明。被审计单位对此进行了恰当的会计处理，且在财务报表中做出充分披露，因此并不影响注册会计师发表审计意见类型，而是在审计意见段之后增加解释说明段予以说明。本质上，标准无保留意见和无保留意见加解释说明段，均属于无保留意见。因此，我们又将审计意见划分为无保留意见（Unqualified）和非无保留意见（Qualified）两类，对审计意见类型按照这一标准重新设定后对模型（3－1）重新进行回归分析。从表 3－5 显示的结果看，待检验变量 *LLP* 的系数分别为 0.2753、0.4879，且均在 5% 的水平上显著，说明在这两种

---

① 四大会计师事务所是指四大国际会计师事务所普华永道、德勤、安永、毕马威，本章后续表格中非四大会计师事务所样本的处理过程与此相同。

情况下，事务所转制后出具非标准审计意见的概率都显著提高，审计师的审计报告行为更加谨慎，与全样本下的研究结果是一致的。

表 3 - 5　模型（3 - 1）事务所转制对审计意见影响的回归结果

变量	全样本	非四大会计师事务所样本	全样本
	标准无保留审计意见 vs. 非标准审计意见	标准无保留审计意见 vs. 非标准审计意见	无保留审计意见 vs. 非无保留审计意见
LLP	0.2799** (2.04)	0.2753** (2.01)	0.4879** (2.36)
LNTA	- 0.1914*** (- 2.61)	- 0.1743** (- 2.16)	- 0.2266** (- 2.21)
ROE	- 0.2076** (- 2.27)	- 0.2029** (- 2.26)	- 0.0336 (- 0.67)
LEV	0.4664 (1.09)	0.3537 (0.82)	- 0.2794 (- 0.45)
LOSS	0.5025*** (3.22)	0.5300*** (3.37)	0.6705*** (2.92)
ARINT	- 0.4654 (- 1.28)	- 0.5384 (- 1.43)	- 0.6133 (- 1.18)
CURRENT	- 0.0267 (- 0.86)	- 0.0300 (- 0.95)	- 0.0990 (- 1.17)
TURNOVER	- 0.3986* (- 1.90)	- 0.3924* (- 1.84)	- 0.3984 (- 1.30)
CASH	0.1025 (0.17)	0.0738 (0.12)	- 2.2000 (- 1.59)
BETA	0.2126 (1.11)	0.2056 (1.06)	0.4114** (2.48)
DELIST	0.2276 (0.70)	0.2238 (0.67)	0.0720 (0.17)
BL	0.0396* (1.80)	0.0366 (1.61)	0.0285 (1.15)

续表

变量	全样本	非四大会计师事务所样本	全样本
	标准无保留审计意见 vs. 非标准审计意见	标准无保留审计意见 vs. 非标准审计意见	无保留审计意见 vs. 非无保留审计意见
LAGOP	2.1384 *** (12.50)	2.0709 *** (11.95)	1.6854 *** (5.88)
INTERCEPT	1.4818 (0.97)	1.2169 (0.72)	2.3131 (1.05)
N	3030	2808	3030
Pseudo R^2	0.4526	0.4299	0.3576
Wald chi^2	274.68	258.32	135.09

注: *** 、 ** 、 * 分别表示在 1% 、5% 和 10% 的显著性水平上显著, 所有回归结果是处理异方差和序列相关误差后的结果, 本章后续表格报告的结果与此相同。

表 3 - 6 显示了模型 (3 - 2) 的回归结果, 将可操控应计额作为盈余管理的度量指标时, 全样本下 *LLP* 的系数为 - 0.0065, 且在 1% 的水平上显著, 非四大会计师事务所样本下 *LLP* 的系数为 - 0.0076, 也在 1% 的水平上显著, 这说明事务所转制后, 其所审计客户公司的可操控应计额显著下降。将线下项目作为盈余管理的度量指标时, 全样本下 *LLP* 的系数为 - 0.1333, 且在 5% 的水平上显著, 非四大会计师事务所样本下 *LLP* 的系数为 - 0.1160, 在 10% 的水平上显著, 这说明事务所转制后, 其所审计客户公司利用线下项目进行盈余操控的程度显著下降了。以上结果一致说明, 事务所转制后, 其所审计客户公司的盈余管理幅度显著下降, 盈余质量提高。此外, 由表 3 - 6 的回归结果还可以看出, 控制变量 *CATA* 和 *CFO* 的系数均显著为负, 说明公司的营运能力越好、资产流动性越高, 客户公司利用可操控应计额和线下项目进行盈余管理的幅度越小, 公司的盈余质量越高。

表 3 - 7 和表 3 - 8 显示了事务所转制对客户公司会计稳健性影响的回归结果, 其中, 表 3 - 7 为基于 Basu (1997) 的盈余—股票报酬

计量法建立的模型（3－3）的回归结果，表3－8则显示了基于 Ball and Shivakumar（2005）的应计—现金流计量法建立的模型（3－4）的回归结果。从两表中基本模型的回归结果来看，在全样本下，待检验交互项 $LLP \times R \times DR$、$LLP \times CFO \times DCFO$ 的系数分别为 0.0601、4.6554，且都在 1% 的水平上显著，这说明不考虑公司特征的影响时，事务所转制后，其所审计客户公司的会计稳健性显著提高，盈余质量更高。在引入相关控制变量后，两表中控制公司特征的回归结果显示，其系数方向和显著性水平均未发生改变，这说明两个模型的回归结果都是稳健的。另外，由两表中非四大会计师事务所样本下的回归结果可见，$LLP \times R \times DR$、$LLP \times CFO \times DCFO$ 的系数方向和显著性水平均未发生显著变化，说明删除四大会计师事务所样本后的回归结果与全样本下的研究结论是一致的。

表 3－6　模型（3－2）事务所转制对盈余管理影响的回归结果

变量	DA		BL	
	全样本	非四大会计师事务所样本	全样本	非四大会计师事务所样本
LLP	− 0.0065 *** （− 5.07）	− 0.0076 *** （− 5.62）	− 0.1333 ** （− 1.97）	− 0.1160 * （− 1.68）
LNTA	0.0026 ** （2.24）	0.0043 *** （2.90）	− 0.1442 *** （− 3.84）	− 0.1901 *** （− 4.24）
ROE	0.1246 *** （6.66）	0.1227 *** （6.32）	− 3.9105 *** （− 7.77）	− 3.6548 *** （− 7.37）
LEV	− 0.0519 *** （− 6.76）	− 0.0530 *** （− 6.51）	1.3807 *** （4.22）	1.2089 *** （3.57）
LOSS	0.0077 （1.50）	0.0070 （1.31）	− 3.0074 *** （− 13.97）	− 2.9522 *** （− 13.45）
AGE	− 0.0002 （− 1.35）	− 0.0003 （− 1.40）	0.0384 *** （5.24）	0.0437 *** （5.58）

续表

变量	DA		BL	
	全样本	非四大会计师事务所样本	全样本	非四大会计师事务所样本
ARINT	0.0062 (0.56)	0.0071 (0.62)	− 0.5270 * (− 1.65)	− 0.4925 (− 1.50)
CURRENT	− 0.0002 (− 0.79)	− 0.0002 (− 0.70)	0.0154 (1.48)	0.0124 (1.18)
CATA	− 0.0766 *** (− 10.18)	− 0.0774 *** (− 9.83)	− 1.1158 *** (− 4.14)	− 1.2432 *** (− 4.30)
CFO	− 0.8040 *** (− 40.75)	− 0.8043 *** (− 39.42)	− 2.1650 *** (− 4.41)	− 2.3320 *** (− 4.72)
GROWTH	0.0659 *** (8.46)	0.0657 *** (8.24)	− 0.3060 *** (− 4.81)	− 0.2890 *** (− 4.50)
OP	− 0.0048 (− 0.92)	− 0.0049 (− 0.90)	1.4402 *** (3.23)	1.2202 *** (2.73)
BETA	− 0.0059 ** (− 2.38)	− 0.0069 *** (− 2.66)	− 0.1911 * (− 1.70)	− 0.1385 (− 1.15)
INTERCEPT	0.0377 (1.55)	0.0052 (0.17)	4.5319 *** (5.78)	5.5477 *** (6.09)
N	3030	2806	3030	2808
R^2	0.7464	0.7485	0.1339	0.1334
F	322.96	304.52	16.72	15.65

表 3 – 7　模型（3 – 3）事务所转制对会计稳健性影响的回归结果

变量	基本模型回归结果		控制公司特征回归结果	
	全样本	非四大会计师事务所样本	全样本	非四大会计师事务所样本
R	0.0157 ** (2.40)	0.0164 ** (2.46)	0.2092 (1.20)	0.1749 (0.90)

续表

变量	基本模型回归结果		控制公司特征回归结果	
	全样本	非四大会计师事务所样本	全样本	非四大会计师事务所样本
DR	0.0069 (1.37)	0.0045 (0.86)	0.2760** (2.36)	0.2906** (2.14)
$R \times DR$	0.0213 (1.63)	0.0169 (1.23)	−0.2243 (−0.84)	0.0928 (0.31)
LLP	0.0081 (1.55)	0.0055 (1.04)	0.0069 (1.13)	0.0066 (1.01)
$LLP \times R$	−0.0182** (−2.20)	−0.0161* (−1.91)	−0.0230** (−1.96)	−0.0226* (−1.85)
$LLP \times DR$	−0.0014 (−0.23)	0.0013 (0.21)	−0.0016 (−0.23)	−0.0017 (−0.23)
$LLP \times R \times DR$	0.0601*** (3.29)	0.0504*** (2.65)	0.0564*** (3.09)	0.0505*** (2.65)
LNTA	—	—	0.0236*** (4.43)	0.0224*** (3.72)
$LNTA \times R$	—	—	−0.0097 (−1.15)	−0.0081 (−0.87)
$LNTA \times DR$	—	—	−0.0137** (−2.42)	−0.0145** (−2.22)
$LNTA \times R \times DR$	—	—	0.0091 (0.72)	−0.0058 (−0.41)
MB	—	—	0.0038* (1.74)	0.0037* (1.67)
$MB \times R$	—	—	−0.0044 (−1.61)	−0.0043 (−1.53)
$MB \times DR$	—	—	−0.0047** (−2.06)	−0.0050** (−2.10)
$MB \times DR \times R$	—	—	0.0009 (0.16)	0.0002 (0.04)

续表

变量	基本模型回归结果		控制公司特征回归结果	
	全样本	非四大会计师事务所样本	全样本	非四大会计师事务所样本
LEV	—	—	-0.1085^{***} (-2.71)	-0.1093^{***} (-2.63)
$LEV \times R$	—	—	0.0964 (1.62)	0.0970 (1.58)
$LEV \times DR$	—	—	0.0957^{**} (2.32)	0.1061^{**} (2.47)
$LEV \times DR \times R$	—	—	0.0658 (0.83)	0.0876 (1.06)
$INTERCEPT$	0.0218^{***} (4.93)	0.0210^{***} (4.66)	-0.4562^{***} (-4.16)	-0.4296^{***} (-3.46)
N	2944	2720	2944	2720
R^2	0.0193	0.0176	0.1556	0.1436
F	10.37	8.99	20.23	16.65

表 3-8 模型（3-4）事务所转制对会计稳健性影响的回归结果

变量	基本模型回归结果		控制公司特征回归结果	
	全样本	非四大会计师事务所样本	全样本	非四大会计师事务所样本
CFO	-0.0744 (-0.41)	-0.0712 (-0.39)	-6.3138 (-1.52)	-7.0193 (-1.60)
$DCFO$	0.0303 (0.32)	0.0344 (0.34)	3.0327 (0.72)	4.2484 (0.79)
$CFO \times DCFO$	-2.0746^{***} (-10.73)	-2.0780^{***} (-10.58)	3.6482 (0.83)	4.3557 (0.93)
LLP	0.4021^{***} (2.85)	0.4109^{***} (2.79)	0.2309^{*} (1.83)	0.2316^{*} (1.81)

续表

变量	基本模型回归结果		控制公司特征回归结果	
	全样本	非四大会计师事务所样本	全样本	非四大会计师事务所样本
$LLP \times CFO$	-3.7925*** (-4.94)	-3.8060*** (-4.98)	-1.8929** (-2.48)	-1.8680** (-2.42)
$LLP \times DCFO$	-0.3319** (-2.34)	-0.3374** (-2.28)	-0.2072 (-1.63)	-0.2066 (-1.60)
$LLP \times CFO \times DCFO$	4.6554*** (6.03)	4.6687*** (6.07)	2.1164*** (2.66)	2.0908*** (2.61)
$LNTA$	—	—	0.1713 (0.84)	0.2298 (0.87)
$LNTA \times CFO$	—	—	0.2965 (1.40)	0.3278 (1.48)
$LNTA \times DCFO$	—	—	-0.1524 (-0.74)	-0.2112 (-0.80)
$LNTA \times CFO \times DCFO$	—	—	-0.3385 (-1.54)	-0.3700 (-1.61)
MB	—	—	0.0490 (0.86)	0.0540 (0.88)
$MB \times CFO$	—	—	0.1539** (2.40)	0.1504** (2.35)
$MB \times DCFO$	—	—	-0.0379 (-0.66)	-0.0428 (-0.69)
$MB \times CFO \times DCFO$	—	—	-0.0981 (-1.37)	-0.0947 (-1.33)
LEV	—	—	-1.1776 (-0.95)	-1.3248 (-0.96)
$LEV \times CFO$	—	—	-1.2568 (-1.37)	-1.1716 (-1.24)
$LEV \times DCFO$	—	—	1.1424 (0.92)	1.2916 (0.94)

变量	基本模型回归结果		控制公司特征回归结果	
	全样本	非四大会计师事务所样本	全样本	非四大会计师事务所样本
$LEV \times CFO \times DCFO$	—	—	3.6010 *** (3.33)	3.5187 *** (3.18)
$INTERCEPT$	-0.1039 (-1.11)	-0.1120 (-1.11)	-3.5179 (-0.84)	-4.7319 (-0.88)
N	2944	2720	2944	2720
R^2	0.4820	0.4823	0.5128	0.5145
F	271.80	275.24	161.95	150.61

第五节　进一步分析与稳健性检验

一　进一步分析

我国会计师事务所在 2013 年底已经全部完成转制,随着研究时间的推进,本书在研究事务所转制前后一年对审计质量的影响基础上,进一步扩充样本区间,把事务所转制前后一年的样本区间,扩展到事务所转制前两年、转制当年及转制后一年,即比较事务所转制前后连续 4 年的情况,以检验转制对审计质量的长期效应。

表 3 - 9 至表 3 - 12 显示了以事务所转制前后连续 4 年所审计的同一客户公司为研究样本的各模型回归结果。从表 3 - 9 可见,在全样本下,LLP 的系数为 0.3372,且在 1% 的水平上显著,在非四大会计师事务所样本下,LLP 的系数亦在 1% 的水平上显著为正,与前文模型(3 - 1)的多元回归结果一致。表 3 - 10 显示了事务所转制对盈余管理影响的回归结果,从中可见 LLP 的系数均在 1% 的水平上显著为负,

与前文模型（3-2）的回归结果基本一致。表3-11和表3-12显示的是事务所转制对会计稳健性影响的回归结果，待检验交互项 $LLP \times R \times DR$ 和 $LLP \times CFO \times DCFO$ 的系数均显著为正，与多元回归分析中模型（3-3）和模型（3-4）的结果基本一致。进一步回归分析的结果一致说明，事务所转为特殊普通合伙公司制后两年，签字审计师出具非标准审计意见的概率仍显著提高，被审计客户公司的盈余管理幅度显著下降，会计稳健性显著提高，盈余质量更高，审计质量提高，这说明事务所转制的长期效应依然存在，达到了监管层的预期目标。

表3-9　模型（3-1）事务所转制对审计意见的影响回归结果

变量	全样本 标准无保留审计意见 vs. 非标准审计意见	非四大会计师事务所样本 标准无保留审计意见 vs. 非标准审计意见	全样本 无保留审计意见 vs. 非无保留审计意见
LLP	0.3372*** （3.83）	0.3283*** （3.68）	0.1442 （1.24）
LNTA	-0.2944*** （-6.46）	-0.2890*** （-5.92）	-0.1396* （-1.95）
ROE	-0.9719*** （-4.29）	-0.9973*** （-4.36）	-0.8279*** （-2.87）
LEV	1.4560*** （5.44）	1.4339*** （5.30）	0.0234 （0.05）
LOSS	0.6854*** （3.92）	0.7050*** （4.02）	0.2245 （0.91）
ARINT	-0.7264*** （-2.59）	-0.7714*** （-2.68）	-0.1059 （-0.29）
CURRENT	-0.0058 （-0.24）	-0.0072 （-0.30）	-0.0086 （-0.22）
TURNOVER	-0.2015 （-1.59）	-0.1961 （-1.53）	-0.1166 （-0.66）

续表

变量	全样本	非四大会计师事务所样本	全样本
	标准无保留审计意见 vs. 非标准审计意见	标准无保留审计意见 vs. 非标准审计意见	无保留审计意见 vs. 非无保留审计意见
CASH	− 0.3332 (− 0.84)	− 0.3219 (− 0.81)	− 3.4403 *** (− 3.05)
BETA	− 0.0953 (− 0.46)	− 0.1084 (− 0.52)	− 0.0743 (− 0.28)
DELIST	0.1832 (0.95)	0.2064 (1.07)	0.4488 * (1.90)
BL	0.0315 ** (2.22)	0.0290 ** (2.03)	− 0.0351 (− 1.26)
LAGOP	1.7824 *** (16.57)	1.7694 *** (16.35)	0.9871 *** (5.36)
INTERCEPT	3.6631 *** (3.80)	3.5898 *** (3.46)	0.9666 (0.64)
N	5652	5290	5652
Pseudo R^2	0.4985	0.4932	0.2597
Wald chi^2	651.48	645.06	211.88

表 3 – 10　模型（3 – 2）事务所转制对盈余管理影响的回归结果

变量	DA		BL	
	全样本	非四大会计师事务所样本	全样本	非四大会计师事务所样本
LLP	− 0.0064 *** (− 4.63)	− 0.0068 *** (− 4.68)	− 0.0013 *** (− 4.11)	− 0.0013 *** (− 4.04)
LNTA	− 0.0039 *** (− 5.93)	− 0.0036 *** (− 4.57)	− 0.0005 * (− 1.70)	− 0.0006 * (− 1.88)
ROE	− 0.0029 (− 0.47)	− 0.0030 (− 0.48)	0.0136 *** (5.57)	0.0136 *** (5.42)

续表

变量	DA		BL	
	全样本	非四大会计师事务所样本	全样本	非四大会计师事务所样本
LEV	0.0054 (0.90)	−0.0031 (−0.48)	−0.0094*** (−4.17)	−0.0097*** (−3.93)
LOSS	0.0007 (0.13)	0.0013 (0.25)	0.0007 (0.38)	0.0008 (0.40)
AGE	0.0004** (2.21)	0.0004** (2.49)	0.0003*** (6.46)	0.0003*** (6.10)
ARINT	0.0430*** (6.68)	0.0419*** (6.29)	−0.0113*** (−5.26)	−0.0117*** (−5.21)
CURRENT	−0.0002 (−0.51)	−0.0004 (−1.18)	−0.0005*** (−4.37)	−0.0005*** (−4.29)
CATA	0.0029** (2.14)	0.0049*** (3.42)	0.0010** (2.14)	0.0010** (2.00)
CFO	0.0215* (1.74)	0.0259** (2.03)	−0.0195*** (−5.26)	−0.0196*** (−5.06)
GROWTH	0.0011** (2.39)	0.0008 (1.55)	0.0001 (0.95)	0.0001 (0.76)
OP	0.0129** (2.38)	0.0159*** (2.97)	0.0001 (0.08)	−0.0001 (−0.03)
BETA	0.0090*** (2.84)	0.0095*** (2.87)	0.0018** (2.03)	0.0020** (2.14)
INTERCEPT	0.1198*** (8.56)	0.1143*** (6.93)	0.0191*** (3.15)	0.0226*** (3.09)
N	5652	5290	5652	5290
R²	0.0569	0.0577	0.0643	0.0644
F	18.92	17.84	11.44	10.69

表 3 – 11　模型（3 – 3）事务所转制对会计稳健性的影响回归结果

变量	基本模型回归结果		控制公司特征回归结果	
	全样本	非四大会计师 事务所样本	全样本	非四大会计师 事务所样本
R	− 0. 0065 *** （− 6. 71）	− 0. 0055 *** （− 5. 85）	0. 0226 （1. 46）	0. 0139 （0. 89）
DR	0. 0024 （1. 06）	0. 0001 （0. 04）	− 0. 0559 * （− 1. 89）	− 0. 0570 * （− 1. 83）
R × DR	0. 0356 *** （5. 54）	0. 0293 *** （4. 43）	− 0. 0757 （− 0. 92）	− 0. 0210 （− 0. 25）
LLP	0. 0024 （1. 52）	0. 0024 （1. 51）	0. 0066 *** （4. 13）	0. 0057 *** （3. 66）
LLP × R	0. 0047 ** （2. 25）	0. 0046 ** （2. 28）	0. 0052 ** （2. 39）	0. 0047 ** （2. 33）
LLP × DR	− 0. 0050 * （− 1. 67）	− 0. 0058 * （− 1. 96）	− 0. 0012 （− 0. 42）	− 0. 0029 （− 1. 06）
LLP × R × DR	0. 0138 * （1. 78）	0. 0135 * （1. 74）	0. 0133 * （1. 79）	0. 0143 * （1. 93）
LNTA	—	—	0. 0114 *** （13. 52）	0. 0105 *** （11. 39）
LNTA × R	—	—	− 0. 0010 （− 1. 40）	− 0. 0007 （− 0. 88）
LNTA × DR	—	—	0. 0024 * （1. 68）	0. 0023 （1. 56）
LNTA × R × DR	—	—	0. 0039 （0. 98）	0. 0011 （0. 26）
MB	—	—	− 0. 0022 （− 1. 43）	− 0. 0017 （− 1. 09）
MB × R	—	—	− 0. 0006 （− 0. 45）	− 0. 0004 （− 0. 26）
MB × DR	—	—	− 0. 0023 （− 1. 00）	0. 0001 （0. 03）

续表

变量	基本模型回归结果		控制公司特征回归结果	
	全样本	非四大会计师事务所样本	全样本	非四大会计师事务所样本
$MB \times DR \times R$	—	—	−0.0001 (−0.01)	0.0121 ** (2.05)
LEV	—	—	−0.0058 (−1.59)	−0.0074 ** (−1.98)
$LEV \times R$	—	—	−0.0140 *** (−3.50)	−0.0120 *** (−2.99)
$LEV \times DR$	—	—	0.0014 *** (12.26)	0.0013 *** (11.49)
$LEV \times DR \times R$	—	—	0.0332 * (1.85)	0.0095 (0.52)
$INTERCEPT$	0.0351 *** (27.64)	0.0332 *** (26.98)	−0.2065 *** (−11.99)	−0.1881 *** (−9.93)
N	5652	5290	5652	5290
R^2	0.0218	0.0198	0.1768	0.1452
F	19.82	15.69	426.46	298.15

表 3 – 12　模型（3 – 4）事务所转制对会计稳健性的影响回归结果

变量	基本模型回归结果		控制公司特征回归结果	
	全样本	非四大会计师事务所样木	全样本	非四大会计师事务所样本
CFO	0.2214 (0.57)	0.2227 (0.56)	1.8555 ** (2.26)	2.0093 ** (2.53)
$DCFO$	0.0473 (0.82)	0.0498 (0.85)	−1.8085 *** (−2.69)	−2.0034 *** (−3.02)
$CFO \times DCFO$	−1.5799 *** (−3.32)	−1.5242 *** (−3.20)	−3.2738 *** (−3.78)	−3.3744 *** (−4.04)

续表

变量	基本模型回归结果		控制公司特征回归结果	
	全样本	非四大会计师事务所样本	全样本	非四大会计师事务所样本
LLP	0.2235 ***	0.2241 ***	0.2465 ***	0.2392 ***
	(6.37)	(6.22)	(6.82)	(6.41)
$LLP \times CFO$	-0.2741	-0.2639	0.0447	0.0227
	(-0.75)	(-0.71)	(0.12)	(0.06)
$LLP \times DCFO$	-0.0654	-0.0689	-0.0073	-0.0183
	(-1.01)	(-1.04)	(-0.11)	(-0.27)
$LLP \times CFO \times DCFO$	0.8392 **	0.7684 **	0.8281 ***	0.7527 **
	(2.35)	(2.21)	(2.61)	(2.45)
$LNTA$	—	—	-0.0894 ***	-0.1084 ***
			(-5.48)	(-6.01)
$LNTA \times CFO$	—	—	-0.1439 ***	-0.1525 ***
			(-2.91)	(-3.13)
$LNTA \times DCFO$	—	—	0.0858 ***	0.0953 ***
			(2.66)	(3.03)
$LNTA \times CFO \times DCFO$	—	—	0.1341 *	0.1282
			(1.70)	(1.61)
MB	—	—	0.1282 ***	0.1189 ***
			(3.63)	(3.16)
$MB \times CFO$	—	—	0.8176	1.3325 **
			(1.61)	(2.52)
$MB \times DCFO$	—	—	-0.0912	-0.0600
			(-1.48)	(-0.99)
$MB \times CFO \times DCFO$	—	—	-0.6526	-0.9252
			(-0.83)	(-1.09)
LEV	—	—	-0.8578 ***	-0.8171 ***
			(-6.54)	(-6.10)
$LEV \times CFO$	—	—	1.3723	0.6221
			(1.00)	(0.45)

续表

变量	基本模型回归结果		控制公司特征回归结果	
	全样本	非四大会计师事务所样本	全样本	非四大会计师事务所样本
$LEV \times DCFO$	—	—	0.0877 (0.44)	0.0322 (0.15)
$LEV \times CFO \times DCFO$	—	—	−2.6953 (−0.94)	−1.6628 (−0.57)
$INTERCEPT$	0.2089*** (5.62)	0.2101*** (5.50)	2.4454*** (7.11)	2.8357*** (7.45)
N	5652	5290	5652	5290
R^2	0.0491	0.0486	0.1016	0.1085
F	35.23	34.24	16.07	15.83

二 稳健性检验

（一）区分可操控应计额的方向

客户公司正向或负向的盈余操控可能造成的审计失败和风险往往不同，而会计师事务所转为特殊普通合伙制后，审计师的法律诉讼风险增加，通常会更加关注公司的正向盈余操控。因此，本书参考 Kim et al.（2003）、原红旗和韩维芳（2012）等，按照可操控应计额的方向将样本区分为 $DA > 0$ 组和 $DA < 0$ 组，对模型（3 − 2）进一步回归的结果显示，在正向 DA 组，转制带来的效果十分显著（−0.006，$p < 0.01$），而在 $DA < 0$ 组，虽然转制的效果依然存在，但不再显著，稳健性测试的结果支持已有研究结论（限于篇幅，正文中并未对此项稳健性检验的回归结果做出详细说明）。

（二）可操控应计额的其他计量方法

考虑到盈余管理可能会受到公司绩效的影响，在主回归测试中采用 Kothari et al.（2005）提出的 ROA-matched 模型计算 DA。然而，以上收益匹配模型的方法仍可能是有偏的（Keung and Shih，2014），为了使研究结论更加可靠，本书又分别采用 Jones 于 1991 年和 1995 年提出的方法计算 DA，并将结果分别代入模型（3－2）重新回归，所得结论均与前文所述一致（限于篇幅，正文中并未详细说明）。

（三）会计稳健性的其他度量方法

为进一步增强实证研究结论的稳健性，在采用模型（3－3）和模型（3－4）的基础上，本书进一步采用 Khan and Watts（2009）提出的 C-score 法、Beaver and Ryan（2000）提出的股东权益的账面价值与市场价值比值法（The Market-to-Book ratio，MTB）及 Roychowdhury and Watts（2007）提出的累积盈余—股票报酬法（CAT），并在此基础上分别建立相应的会计稳健性检验模型，得出的研究结论与前文多元回归分析中模型（3－3）和模型（3－4）的结果基本一致（限于篇幅，正文中并未对这几种会计稳健性模型的回归结果做出详细说明）。

（四）剔除在转制过程中发生事务所合并的样本

由于在样本研究期间，有较多的事务所在转制的同时实施了合并，从而很难区分转制与合并对审计质量的单独影响效应，为此，将研究样本中在事务所转制的同时实施了合并的公司样本剔除，用净化后的样本对模型（3－1）至模型（3－4）重新回归。结果显示，各模型中待检验变量的系数方向和显著性水平均与全样本下多元回归的结果一致，限于篇幅，不再予以详细说明。

（五）控制行业和年度效应

为控制行业和年度可能对审计质量造成的影响，参考 Firth et al.

（2012），在模型（3-1）和模型（3-2）中加入行业和年度虚拟变量，参考 Ramalingegowda and Yu（2012）分别定义行业和年度虚拟变量并设置交互项，代入模型（3-3）和模型（3-4）中，以控制行业和年度固定效应。以上控制行业和年度效应后所得到的结果分别与表3-5至表3-8显示的结果一致，限于篇幅，不再做详细说明。

第六节　本章小结

本章以财政部强制推动会计师事务所组织形式向特殊普通合伙制转变这一自然实验为契机，从可观察到的审计结果输出产品——审计意见和报表盈余质量两个方面探究事务所转制对审计质量的影响。在研究设计上将盈余管理程度和会计稳健性作为盈余质量度量指标，分别将 Kothari et al.（2005）提出的通过 ROA-matched 模型计算的可操控应计额、罗党论和黄旸杨（2007）等采用的线下项目这两个经计算后的变量作为盈余管理的测度变量，通过 Basu（1997）建立的盈余—股票报酬计量模型和 Ball and Shivakumar（2005）建立的应计—现金流计量模型度量会计稳健性。为使研究结论更加稳健，本书依次检验事务所转制对审计质量的三个替代变量即审计意见、盈余管理程度和会计稳健性的影响。实证结果发现，会计师事务所在转为特殊普通合伙制后，更倾向于发表非标准审计意见，可操控应计额以及线下项目均显著下降，会计稳健性显著提高。以上结果一致表明，会计师事务所转变为特殊普通合伙制后，发表非标准意见的概率更高，审计后客户公司的盈余操控水平下降，会计稳健性更高，审计质量提高。此外，基于法律责任变化的视角，特殊普通合伙制下审计师面临的法律责任和诉讼风险增加，而法律责任的强化有利于审计质量的提高已被大部分理论和实验研究所证实，因此，本书的研究结论为审计师法律责任与审计质量关系的已有研究提供了经验证据支持。

研究政策效果主要有两种基本思路：一是采用 DID 模型；二是采用纵列数据模型。这两种方法对样本的要求不同，DID 模型要求样本的独立同分布，如果样本存在自选择的内生性问题将导致估计偏误，但纵列数据对样本没有严格的独立同分布要求（徐晋涛等，2004）。随着研究进程的推进，能够获得所审计客户公司的纵列数据，因此本章采用纵列数据进行分析，以已转制事务所在转制前后一年所审计客户公司为样本，将未转制的事务所作为对照样本，避免了过去文献采用 DID 模型可能存在的偏误，为后续同类研究提供了借鉴。

本章在对盈余管理进行测度时，考虑到上市公司经常利用线下项目进行盈余管理，因此，除采用可操控应计额外，本章还将线下项目作为盈余管理程度的替代变量进行测度，对会计稳健性的计算也同时采用了盈余—股票报酬计量法和应计—现金流计量法，从而更加稳健地考察了事务所转制对盈余质量的影响。此外，本章分别将审计意见、盈余管理和会计稳健性作为审计质量的替代变量，研究了事务所转制引起的法律责任变化对审计质量的影响，研究结论一致表明事务所转为特殊普通合伙制提高了审计质量，为解释现有研究的分歧提供了可靠的经验证据。

值得注意的是，本章主要是从事务所层面研究了转制的基本效应，丰富了事务所组织形式与审计质量关系的研究。但事务所转制主要是改变了签字审计师的法律责任，由于个人特征不同的审计师的风险偏好不同，面对法律风险变化时，其执业行为的变化可能不同，因此，本书接下来的第四章将引入签字审计师的个人特征，将事务所层面延伸至审计师个人层面，深入探究事务所转制对审计师行为和审计质量的影响机制。

一方面，我国资本市场的特定制度背景是国有上市公司占有较大比例，这一特定产权特征对资本市场的参与主体产生重要影响，而过去审计领域的文献发现，产权性质会影响审计行为。因此，尽管事务所转制将增加审计师的潜在法律风险，提高其执业过程中的风险意识，从而提高审计报告的谨慎性和审计质量，但面对国有上市企业与非国有上市企业在诸多方面的差异，审计师的反应可能不同。另一方面，会计师事务所的法律责任与客户公司的法律风险直接相关，被审计公司的法律风险会显著影响审计收费与审计质量，会计师事务所从有限责任制转为特殊普通合伙制后，法律责任增加，因此，特殊普通合伙制下法律责任的增加能否激励审计师更加重视客户法律风险，从而提高审计师的谨慎性与风险意识，这一问题的经验证据可能有助于我们进一步理解事务所转制对审计质量的影响机制，为全面认识转制的政策效果提供重要参考。

从这一基点出发，在本章由事务所层面分析转制对审计质量总体影响的基础上，第五章将分别从客户公司的产权性质与潜在诉讼风险两个角度研究事务所转制与审计师审计行为之间的关系，揭示事务所转制的政策效果如何受到被审计客户公司异质性（产权性质与潜在诉讼风险）的影响。

第四章　事务所转制、审计师个人特征与审计质量

——会计稳健性视角

第一节　引言

Gul et al.（2013）研究发现，审计师的个人特征会显著影响其审计判断和决策，相对于签字非合伙人，签字合伙人的审计报告行为更加谨慎，审计质量更高。而从此次会计师事务所转制的实质来看，意在增强签字审计师且主要是签字合伙人的法律诉讼风险，而对签字非合伙人来说，转制前后的法律责任并没有明显变化。那么，审计市场的事务所组织形式转变之后，法律责任与风险的增加是否增强了注册会计师尤其是签字合伙人的谨慎性？采取特殊普通合伙制能否激励注册会计师提高审计质量？表现在签字合伙人与签字非合伙人方面，转制带来的效应是否会因二者法律责任改变的不同而有显著差异？这些重要的现实问题直接关乎《暂行规定》的具体实施成效。

适宜的事务所组织形式，有利于审计质量的提高，寻求更佳的事务所组织形式，是证券监管部门迫切希望解决的问题，也是会计学界普遍关注和研究的重要课题之一。原红旗和李海建（2003）以及 Firth et al.（2012）都对我国审计市场事务所组织形式进行了研

究，与原红旗和李海建（2003）发现不同组织形式的事务所发表非标准意见的概率不存在显著差异不同，Firth et al.（2012）研究认为普通合伙事务所发表审计报告的行为比有限责任合伙所更加谨慎，更倾向于发表非标准或持续经营意见。2010年7月以来，我国财政部先后颁布一系列政策，旨在推动会计师事务所组织形式向特殊普通合伙制转型，掀起了事务所组织形式的新一轮变革，截至2013年底，全国具有证券资格的事务所均已完成了转制。此次由我国政府推动并强制执行的事务所组织形式向高法律责任状态的转变，为检验事务所转制的效应提供了自然实验，也引发了学术界的广泛关注。国内一些文献直接研究比较了已转制与未转制事务所审计质量相关替代变量的变化，如 Wang and Dou（2015）、张俊生和张琳（2014）、聂曼曼等（2014）、刘启亮等（2015）都对事务所出具审计意见的类型进行了比较，Wang and Dou（2015）、刘行健和王开田（2014）、耿红娟（2014）、刘启亮等（2015）则对比了客户公司盈余管理程度的差异，但均未取得一致研究结论。此外，李江涛等（2013）、沈辉和肖小凤（2013）、周中胜（2014）、闫焕民（2015）、王晓等（2015）检验了事务所转制对审计收费的影响，所获得的研究结论也不一致。或许是因为受制于研究样本和时间，这些文献在解释事务所组织形式与审计质量的关系上尚未取得一致结论，而且都是从横截面的角度基于事务所层面对转制的基本效应进行研究，尚未从审计师个人特征层面深入研究事务所转制对审计质量的影响规律。

DeAngelo（1981）研究发现大所由于独立性更强，通常审计质量也更高，他同时指出对事务所规模与审计质量关系的研究结论同样适用于分所层面。Francis and Yu（2009）就指出，四大会计师事务所中规模越大的分所审计质量越高，这可能是因为它们更具行业专长。然而，审计质量最终取决于审计人员发现会计舞弊的能力以及能否将这些错报予以报告，也就是说，审计质量是审计师专业能力和独立性共同作用的产品。因此，对审计质量的研究应该从事务所或分所层面更多地转向审计师个人层面（DeFond and Francis，2005），以进一步研究审计师个人特征与审计报告质量之间是否存在系统关联（Church et al.，2008）。审计师需要完成大量不同的具体审计工作，审计师的个人特征，如专业技能、性格等，最终会影响审计结果的形成（Nelson and Tan，2005）。Gul et al.（2013）以中国上市公司为样本进一步研究发现，审计师的个人特征，如教育背景、工作经历、签字合伙人身份等，均对审计质量有显著影响。

会计稳健性，又称盈余谨慎性或审慎性，是衡量盈余质量的重要指标，而盈余质量作为审计质量的替代变量，被广泛运用于我国上市公司的财务报告会计盈余管理中（李增泉和卢文彬，2003）。Basu（1997）首次用实证研究的方法证明了会计稳健性在美国上市公司中普遍存在，且在审计师处于法律诉讼风险较高的期间稳健性水平也较高。Ball et al.（2000）也指出在高诉讼成本的压力下审计师会采取更为谨慎的会计政策。事务所转为特殊普通合伙制后，审计师的法律诉讼风险增加，为避免高审计风险可能造成的审计失败，审计师的审计流程会更加完善，对客户财务报告的会计稳健性要求也可能更高。然而从已有文献看，大多数关于会计稳健性的研究是围绕稳健性的决定因素、检验、计量或其与公司治理关系的经济后果展开的，且已有文献从事务所或分所层面对审计质量或会计稳健性所进行的研究，实际上是以审计师个人特征同质为假设前提的（Francis，2004）。到目前为止，还鲜有文献直接检验审计师个人特征与会计稳健性的关系。在已有的文献研究中，Gul et al.（2013）发表了一篇关于我国审计市场实证研究的文章，将审计报告激进度、异常收益、线下项目、微利润作为审计质量的测度变量，研究结果表明，审计师的个人特征与其对待风险的态度显著相关，个人特征会对审计质量产生显著影响。罗春华等（2014）发现，审计师的执业经验与会计稳健性不存在显著相关性，而审计师的职位和性别与会计稳健性水平存在显著相关关系。他们的研究结论在某种程度上拓展了审计师个人层面有关会计稳健性的研究。此外，张俊生和张琳（2014）直接检验了事务所转制对审计师稳健性行为的影响。事务所转为特殊普通合伙制后，签字审计师面临的法律责任增加，而审计师个人特征的差异又会影响其执业谨慎性和审计绩效（Nelson，2009）。会计师事务所的组织形式变为特殊普通合伙制后，最大的改变是签字注册会计师的法律责任发生了变化，面对法律风险的变化，不同特征的审计师做出的反应可能不同，因此，在研究事务所转制的效应时，延伸至审计师个人层面有其特定意义。

本章研究可能在以下方面拓展了现有文献。首先，在第三章从事务所层面研究转制对审计质量总体影响的基础上，进一步探究面对事务所转制带来的法律风险变化时，个人特征不同的审计师审计行为的差异。本章的实证结果发现，事务所的组织形式转为特殊普通合伙制后，其所审计客户公司的会计稳健性普遍提高，但个人特征不同的审计师所审计客户公司的会计稳健性提高程度存在显著不同。一方面，事务所转制后，签字合伙人所审计客户公司的会计稳健性显著提高，而对于签字非合伙人所审计的客户公司来说，事务所转制带来的影响并不明显。这说明，事务所转制主要是提高了签字合伙人的执业谨慎性和审计质量，而对签字非合伙人的审计行为并未带来显著影响。造成这一结果的原因可能在于此次事务所转制增加了签字合伙人的法律责任和诉讼风险，而签字非合伙人的法律责任并没有发生实质改变，因而事务所转制对签字合伙人与签字非合伙人审计行为的影响存在显著不同。另一方面，与低学历的审计师相比，具有本科或以上学历的审计师，其所审计客户公司的会计稳健性在转制后提高更明显；与执业时间较长、年龄较大的审计师相比，执业时间较短、较为年轻的审计师，其所审计的客户公司的会计稳健性在转制后提高更明显。造成这一结果的原因可能是个人特征不同的审计师对风险的厌恶程度不同，面对事务所转制带来的法律责任增加，其审计行为表现出差异。本章的研究内容丰富了审计师个人层面的会计稳健性研究，有助于更好地理解审计师个人特征与审计质量的关系，深化了事务所组织形式对审计质量影响的研究。

其次，过去的文献在研究事务所转制时，将转制事务所与未转制事务所审计的客户公司混在一起作为研究对象，即采用的是混合样本。由于事务所转制是陆续开展的，规模较大的事务所往往先转制，所以在同一年度，转制的一般为大所，而未转制的多为中小所，则此时的研究结果很可能是由事务所规模差异造成的，而非事务所转制带来的影响。本章以已转制事务所在转制前后所审计同一批客户公司为样本，对同一公司在事务所转制前后所审计客户公司的会计稳健性进行比较，规避了上述的样本自选择问题。

此外，张俊生和张琳（2014）在实证分析中，将审计师对客户公司的会计稳健性要求作为审计师稳健性的度量指标，采用 Ball and Shivakumar（2005）的计量模型，从横截面的角度分析了事务所转制与客户企业会计稳健性的关系，但并未发现转制后稳健性有显著变化。与他们的研究不同，本章分别采用 Basu（1997）和 Ball and Shivakumar（2005）两种会计稳健性计量模型，所获得的回归结果一致表明：事务所转制对会计稳健性有显著影响。研究结果的不同，可能是因为样本选择方法的差异，也可能是本书控制了公司财务特征的干扰。

第二节　理论分析与研究假设

一　理论分析

会计稳健性是一项古老而又重要的会计确认和计量原则，其对会计与审计实务的影响有 500 多年。自 Basu（1997）以来，学术界围绕稳健性的检验和计量、稳健性的经济后果和决定因素等几个方面进行了研究。会计稳健性作为公司治理机制之一，也是衡量财务报告质量的重要属性（Ball et al.，2000）。国内一些文献直接检验了上市公司的会计稳健性问题，如李增泉和卢文彬（2003）、肖成民和吕长江（2010）等实证考察了上市公司会计盈余的稳健性，证实了我国上市公司报告的会计盈余普遍具有稳健性，而李远鹏和李若山（2005）却发现这种稳健性不过是公司亏损"洗大澡"的假象而已。

关于事务所组织形式与会计稳健性关系的研究，目前仍较少有文献涉及，已有研究多是有关事务所组织形式与审计质量关系的分析。原红旗和李海建（2003）最早涉及事务所组织形式与审计质量关系研究，发现事务所组织形式对审计意见没有显著影响。Firth et al.（2012）同样对我国审计市场的事务所组织形式进行了研究，发现在发布审计意见行为方面，普通合伙制事务所比有限责任制事务所表现出了更高的谨慎性，出具非标准审计意见的概率更高。此外，Muzatko et al.（2004）研究美国审计市场事务所组织形式变革，发现事务所由普通合伙所转为有限责任合作所后，法律责任减弱，审计质量也有所下降。Lennox and Li（2012）以英国上市公司为样本，研究发现，从普通合伙转为有限责任合伙后，尽管事务所客户组合中高风险的上市公司有所增加，事务所面临的法律诉讼风险降低，但并未发现其提供的审计服务质量有所下降，审计费用也没有显著降低。自 2010 年 7 月财政部推动事务所转制以来，国内一些文献（Wang and Dou，2015；李江涛等，2013；聂曼曼等，2014；张俊生和张琳，2014；刘行健和王开田，2014；耿红娟，2014；刘启亮等，2015）对比了转制和未转制事务所审计质量的差异，但并未取得一致研究结论。

　　一方面，一些文献将可观察到的审计结果输出产品——审计意见和盈余质量，作为审计质量的替代变量，检验了事务所转制对审计质量的影响，丰富了事务所组织形式与审计质量关系的研究；另一方面，事务所的组织形式转为特殊普通合伙制后，审计师面临的最大改变就是法律责任增加，而从特殊普通合伙制的内涵看，这一改变主要是对签字合伙人而言，由于个人特征不同的审计师的风险偏好不同，面对法律风险变化时，其执业行为的变化可能不同，但目前尚无文献研究这一课题。因此，本书拟利用事务所转制这个自然实验，从审计师个人层面检验事务所转制对会计稳健性的影响，弥补现有研究的不足。

　　此次事务所组织形式的转变给审计师带来的最大冲击就是法律责任与风险的提高，而对于与事务所组织形式相关的法律责任对审计质量的影响，国内外许多文献都进行了研究。比如，Schwartz（1997）、Liu and Wang（2006）都认为在严格的法律制度下，审计师的努力水平能够达到社会期望的最优；刘更新和蔡利（2010）指出，审计准则规定的审计质量水平越接近法律规定的标准，则审计师的审计质量越高，可见他们也主张实行严格的审计准则。另外一些文献从法律诉讼风险的角度出发，研究了法律制度与审计师审计行为的关系，得出的结论表明，无论在审计意见的发表，还是审计定价、客户选择方面，法律制度的加强都使得审计师的谨慎性显著提高，而且投资者也认为法律责任的提高能够提升审计服务质量。比如，Shu（2000）发现，随着客户公司法律诉讼风险的增加，审计师辞聘的概率提高，二者呈显著正相关关系；Seetharaman et al.（2002）发现，基于不同国家法律制度背景下的诉讼风险差异，英国的审计师对在美国上市的公司收取了更高的审计费用。Khurana and Raman（2004）检验了不同法律诉讼风险背景下四大会计师事务所和非四大会计师事务所审计公司的权益资本成本的差异，他们发现在美国四大会计师事务所审计的公司的权益资本成本更低，但在诉讼风险更低的澳大利亚、加拿大和英国，四大会计师事务所审计的公司与非四大会计师事务所审计的公司的权益资本成本没有显著差异。Blay（2005）通过实验研究发现，审计师在面临高诉讼风险的情况下更可能出具非标准审计意见。Choi and Wong（2007）分析了法律制度对审计师选择的影响，研究结果发现，发行债券或权益证券的公司与选聘五大会计师事务所呈正相关，且随着法律制度的强化这种相关关系逐渐减弱。Choi et al.（2008）发现，法律制度变得严格时审计费用将增加，法律制度影响审计定价。

Dye（1993，1995）认为加大责任赔偿力度有利于提高审计质量。Dye（1995）还指出，如果事务所从无限赔偿责任转为有限赔偿责任状态，对在事务所没有投资或投入资本很少的审计师而言，由于其在公司的投入与提高审计质量的激励绑定在一起，因此他们将缺乏提供高质量审计服务的动力。Yu（2011）通过实验研究的方法得出结论，严格的法律制度能够提高审计师的独立性，而按责任比例承担损失赔偿的规则有助于敦促审计师更加努力。Smith（2012）还通过实验研究进一步发现，降低审计失败所应承担的法律赔偿责任，会给投资者传递审计质量下降的信号，甚至会引起管理层逐渐减少内部控制资源的投资。此外，我国的刘彬和韩传模（2011）通过博弈模型分析认为，特殊普通合伙制的无限责任赔偿机制更能促使事务所提高审计服务质量。宋衍蘅和肖星（2012）研究发现，审计师面临的法律风险增加时，其审计质量提高。

有关管理者固定效应的大量文献研究发现，个人特征不同的决策者在认知水平、道德约束能力、决策谨慎度、应变能力等方面存在显著差异，尤其是当外部法律环境变化时，不同性别、不同教育背景及不同经历的管理者都表现出了不同的风险认知和决策应对水平，管理者的个人特征在很大程度上影响着公司的政策制定和管理决策。比如，管理者过度自信的行为会随着管理经验的不断丰富而弱化，且多数管理者能在管理决策中不断完善和提升决策能力与认知水平（Frank，1988）。学习效应理论也指出，随着生产经验的增加，生产成本会不断降低。又如，有学者研究指出不同年龄对待风险和道德的态度不同，年长者通常更为稳健，战略决策态度也更保守，对道德标准的要求也较高（Deshpande，1997）。而关于年龄和认知能力的大量文献研究认为，随着年龄的增长，认知能力会普遍下降，知识结构僵硬老化，变通能力下降，对变革的抵制倾向也会加强，信心和整合信息能力的降低使年长者往往需要更多时间、获取更多信息后才能做出决策（Taylor，1975）。再者，Lichenstein et al.（1977）研究认为管理者的受教育水平越高，决策时全面搜集有关信息的能力越强，越能有效避免偏误从而使决策结果更稳健。Wiersema and Bantel（1992）也指出，高学历管理者对信息的获取更广泛有效，并且更愿意接受新思维，适应变化的能力更强。此外，社会学和心理学的部分研究表明，不同性别对待风险的态度存在显著差异。很多西方学者研究认为女性相对于男性更加厌恶风险（Fellner and Maciejovsky，2007；Eckel and Grossman，2008），而且一般自我道德要求更高（Clikeman et al.，2001），在不确定性环境下，女性的决策行为通常更为保守和谨慎（Hersch，1996；Zuckerman，1994）。

有关审计质量的研究，越来越多的文献开始由事务所或分所层面转向审计师个人层面，会计学者们开始探索审计师个人对审计质量的影响因子，并发现不同的审计师个体，其所提供的审计服务质量，或者说在独立性和专业胜任能力方面有显著不同的表现（DeFond and Francis，2005）。Chen et al.（2010）首次用中国审计市场的证据检验了经济依赖性如何在审计师个人层面影响审计质量，他们研究发现，客户重要性对审计师个人独立性的影响程度取决于他们所处的法律环境。Knechel（2000）研究认为审计质量最终取决于审计师的审计判断和决策。审计工作本来就是一个判断和决策的过程，而审计师的审计判断和决策质量又由审计师的个人特质决定，这种个人特质不限于薪酬激励，还包括风险偏好、专业知识、工作能力和认知类型等。所以，审计师的知识、经验、性格、认知方式等都会对审计工作的绩效产生重要作用（Nelson and Tan，2005；Nelson，2009）。Gul et al.（2013）则以中国上市公司为研究样本，对审计师的个人特征如何影响审计质量做了进一步研究，他们发现审计师个人特征对审计质量存在显著影响，且比相应的事务所层面的影响程度更大。他们进一步研究指出，影响审计质量的这些个人特征包括教育背景、国际大所工作经验、职位、政治信仰等。此外，叶琼燕和于忠泊（2011）、丁利等（2012）都将可操控应计额作为审计质量的替代变量，检验了审计师个人特征与审计质量的关系。尽管他们所获得的研究结论并不完全一致，但都证明了审计师的性别、年龄、学历、职位等个人特征与审计质量之间存在相关关系。原红旗和韩维芳（2012）同样将可操控应计作为审计质量的替代指标，研究签字审计师的执业特征与审计质量的关系，他们发现审计师个人层面的执业经验和事务所层面的独立性都与审计质量显著相关。罗春华等（2014）则直接检验了审计师个人特征与公司会计稳健性的关系，他们发现，执业经验越丰富、职位越高，其所审计财务的会计稳健性水平越高，但执业经验与稳健性的关系并不显著。

此外，Keller et al.（2007）研究指出，审计师的学历会显著影响其道德决策过程，高学历审计师的道德信仰更加坚定，道德决策水准也更高。随着审计师执业年限的增加，其积累的审计经验越来越丰富，发现错报的能力也更高，但经验丰富的审计师也可能更加自信，低估审计失败的损失，更可能产生认知偏差（Tan，1995；Earley，2002）。西方关于性别对审计风险态度的文献研究结论不一。比如，Barua et al.（2010）认为女性财务工作者更加厌恶风险；Hardies et al. (2010) 研究认为女性比男性审计师发现错报的能力更强，但对错报类型的判定水平相对更弱；Bamber et al. (2010) 认为性别对财务报告的形成并不存在显著影响，但男性高管无论是对男性还是女性属下都会产生显著影响 (Gold et al.，2009)。施丹和程坚 (2011)、叶琼燕和于忠泊 (2011)、丁利等 (2012)、郭春林 (2014) 等都对审计师的性别与其提供的审计质量服务之间的关系进行了研究，但也未取得一致结论。或许由于东西方文化的不同，中国传统文化中的保守和中庸思想及性别观念，都可能给不同性别决策者对待风险的态度带来不同程度的影响。

二　研究假设

根据理论分析，事务所转制会导致审计师法律责任的变化，转制之后，会计师事务所尤其是注册会计师个体的法律风险增加，这一方面会使注册会计师通过各种手段将审计风险控制在适当的水平，另一方面会使其审计报告行为更加谨慎。而为降低潜在审计风险，在我国审计市场普遍为买方市场从而很难通过提高审计收费控制审计风险的情况下，强制审计客户维持一定的会计稳健性不失为审计师控制诉讼风险的有效策略 (Krishnan，2005)。更进一步的，已有的研究表明，执业年限、年龄、性别或学历等个人特征不同的审计师，其对待风险的厌恶程度不同，表现在专业判断、道德决策、认知偏差、学习应变能力等方面都不尽相同。此外，对于签字合伙人，其本身就是事务所的所有者和管理者，与签字非合伙人相比，其与事务所的利益目标更具一致性，审计行为往往更加稳健和保守 (Gul et al.，2013)。相对于签字非合伙人，签字合伙人可能会实施更加充分的审计程序，降低重要性水平，规避审计失败可能导致的法律风险。从而，在转为特殊普通合伙制之后，相较于签字非合伙人，签字合伙人更可能基于自我保护、降低风险的考虑，提高对客户公司的会计稳健性要求。综合上述分析，面对事务所转制带来的法律责任增加，个人特征不同的审计师的审计报告行为可能会存在显著差异，表现在其所审计客户公司的会计稳健性水平上很可能会存在显著不同。因此，基于以上分析，本章提出研究问题如下。

假设 4-1：事务所转制对个人特征（如是不是签字合伙人、年龄、执业年限、性别、学历）不同的审计师的审计报告行为的影响会存在显著差异，表现为事务所转制对其所审计客户公司的会计稳健性影响存在显著不同。

第三节　研究设计

一　模型构建与变量定义

根据 Wang et al.（2008），会计稳健性的计量方法众多，其中最具代表性的主要有 5 种，分别是 Basu（1997）提出的盈余—股票报酬计量法（Basu's Asymmetric Timeliness Measure，AT）、Ball and Shivakumar（2005）提出的应计—现金流关系计量法（Asymmetric Accrual to Cash-flow Measure，AACF）、Beaver and Ryan（2000）提出的净资产账面与市场价值比率法（The Market-to-Book ratio，or Book-to-Market ratio，MTB or BTM）、Givoly and Hayn（2000）提出的负的累积应计计量法（The Negative Accruals Measure，NA）、Penman and Zhang（2002）提出的隐藏的储备金计量法（The Hidden Reserves Measure，HR）。其中，Basu（1997）的方法在现有国内外实证文献中得到了广泛运用（Cano and Nickel，2015），具有比较优势。本书借鉴 Wang et al.（2008）、张兆国等（2012）对各稳健性计量模型之间的相关性、可靠性及适用性的对比分析结果，并综合考虑本书

的样本研究期间特点、样本观测值的可获得性等因素，最终选用 Basu（1997）的 AT 模型作为会计稳健性计量模型[①]。

Basu（1997）提出的 AT 模型，其实质是以条件谨慎性来度量盈余质量，条件谨慎性强调的是收入确认时的收入可实现概率高于损失确认时的损失发生概率，从而使得盈余反映坏消息的及时性优于反映好消息的及时性。正如陈小林等（2010）所归纳的，条件谨慎性相对非条件谨慎性，在企业契约中的意义更为重大，在公司债务契约、管理层报酬契约和公司治理方面发挥了更大作用（Watts，2003；Ball and Shivakumar，2005）。Basu（1997）的条件谨慎性模型为：

$$E/P = \varepsilon + \gamma_1 R + \gamma_2 DR + \gamma_3 R \times DR + \mu \qquad (4-1)$$

在模型（4-1）中，E 为每股盈余，P 为年初的股票开盘价，E/P 表示每股收益与期初的股票开盘价之比，R 为公司股票年报酬率，考虑到上市公司上年度的年度报告披露截止日为本年度 4 月 30 日，因此年初开盘价采用当年 5 月第一个交易日的股票开盘价，股票年报酬率为本年 5 月 1 日至下年 4 月 30 日的报酬率。DR 为虚拟变量，如果公司股票年报酬率为负则为 1，否则为 0。系数 γ_3 度量的是会计稳健性，γ_3 显著为正，表明公司盈余反映坏消息的及时性优于反映好消息的及时性。

为了考察事务所转制带来的影响，在上述 Basu（1997）模型中加入变量 LLP，建立模型（4-2）如下：

$$E/P = \varepsilon + \gamma_1 R + \gamma_2 + DR + \gamma_3 R \times DR + \gamma_4 LLP + \gamma_5 LLP \times R +$$
$$\gamma_6 LLP \times DR + \gamma_7 LLP \times R \times DR$$
$$+ \gamma_8 LNTA + \gamma_9 LNTA \times R + \gamma_{10} LNTA \times DR + \gamma_{11} LNTA \times R \times DR$$
$$+ \gamma_{12} MB + \gamma_{13} MB \times R + \gamma_{14} MB \times DR + \gamma_{15} MB \times R \times DR + \gamma_{16} LEV$$

[①] 进一步测试中采用了 Ball and Shivakumar（2005）的应计—现金流关系计量法作为会计稳健性计量模型。

$$+ \gamma_{17} LEV \times R + \gamma_{18} LEV \times DR + \gamma_{19} LEV \times R \times DR + \mu \quad (4-2)$$

在模型（4-2）中，LLP 是虚拟变量，如果事务所转为特殊普通合伙制则设为 1，否则为 0。γ_7 是要检验的系数，如果 γ_7 显著为正，说明事务所转制后，会计稳健性得到提高，反之，如果 γ_7 显著为负，则说明事务所转制后，会计稳健性下降。参考 Khan and Watts（2009）、Chen et al.（2010）、Gul et al.（2013）等的建议，模型（4-2）控制了以下公司特征：资产规模 $LNTA$、资产负债率 LEV、股东权益的市场价值与账面价值之比 MB。

在研究事务所转制对会计稳健性可能带来的影响时，模型（4-2）已经涉及三个变量的交互项，因此，借鉴 Chambers and Payne（2011）的做法①，在研究设计上采用对样本分组回归，比较两组回归结果的系数是否存在显著差异的逻辑思路，进一步考虑面对事务所转制带来的法律风险变化，个人特征不同的审计师所审计客户公司的会计稳健性的变化。

具体分组过程如下。首先，设定并计算审计师的个人特征变量，$Tenure\_ave$ 是经计算后的两名②签字审计师的执业年限均值，Age_ave 是两名签字审计师的年龄均值，然后，分别将 $Tenure\_ave$ 与 Age_ave 分组，分组后的虚拟变量分别用 $Tenure$ 与 Age 表示：如果两名签字审计师的执业年限均值（$Tenure\_ave$）小于或等于所有签字审计师执业年限的平均值，则 $Tenure$ 取值为 1，否则为 0；如果两名签字审计师的年龄均值（Age_ave）小于或等于所有签字审计师年龄的平均

① 他们在研究美国《萨班斯法案》颁布前后审计独立性不同的公司盈余持续性变化时，采用了比较法案颁布前后系数差异的方法。因此，在这里借鉴他们的研究思路，通过比较个人特征不同的审计师的客户会计稳健性系数是否存在显著差异来判定转制对个人特征不同的审计师会计稳健性的影响。

② 个别事务所出具的审计报告也可能是由三位审计师共同签名的，对于这种情况，本书选取前两名签字审计师作为研究对象。

值，则 Age 取值为 1，否则为 0。$Partner$ 为签字合伙人身份的虚拟变量，如果两名签字审计师中至少有一位是签字合伙人，则 $Partner$ 取值为 1，否则为 0。$Gender$ 与 $Education$ 分别是表示签字审计师性别和学历的虚拟变量，如果两名签字审计师都为男性则 $Gender$ 取值为 1，否则为 0；如果两名签字审计师学历都为本科或本科以上则 $Education$ 取值为 1，否则为 0。最后，按照分组后的样本分别对模型（4－2）回归，并比较两组回归结果中 $LLP \times R \times DR$ 的系数大小以及是否存在显著差异。以 $Gender$ 为例，分别对 $Gender = 1$（男性）组和 $Gender = 0$（女性）组根据模型（4－2）进行回归，然后通过比较两组回归结果中 $LLP \times R \times DR$ 的系数 γ_7 的方向与大小及有无显著差异，判断事务所转制的效应在男性和女性签字审计师之间是否存在显著差异，或者说转制是否更显著地影响了男性（女性）审计师的审计行为而对女性（男性）审计师并无显著影响或者影响更小。模型（4－2）中所有变量的符号和具体含义见表4－1。

表4－1　变量符号与定义

Panel A 公司特征变量	定义
LLP	会计师事务所转制为特殊普通合伙制等于 1，否则等于 0
E/P	每股收益除以期初股票开盘价
R	公司当年 5 月 1 日到下一年度 4 月 30 日的个股年回报率
DR	如果个股年回报率小于 0 则等于 1，否则等于 0
$LNTA$	公司资产总额的自然对数
MB	股东权益的市值和账面价值之比
LEV	公司财务杠杆，表示为负债总额除以资产总额
Panel B 审计师个人特征变量	定义
$Partner$	两名签字审计师中至少有一位是签字合伙人则取值为 1，否则为 0

续表

Panel B 审计师个人特征变量	定义
Tenure_ave	两名签字审计师的执业年限均值
Tenure	签字审计师执业年限的虚拟变量，如果两名签字审计师的执业年限均值小于或等于所有签字审计师执业年限的平均值则取值为1，否则为0
Age_ave	两名签字审计师的年龄均值
Age	签字审计师年龄的虚拟变量，如果两名签字审计师的年龄均值小于或等于所有签字审计师年龄的平均值则取值为1，否则为0
Gender	签字审计师性别虚拟变量，如果两名签字审计师都为男性则取值为1，否则为0
Education	签字审计师学历虚拟变量，如果两名签字审计师都为本科或本科以上学历则取值为1，否则为0

二 样本选择与数据来源

自我国政府 2010 年颁布政策推动事务所转制以来，截至 2013 年底具有证券资格事务所已全部完成向特殊普通合伙制的转变。本书以事务所转制当年和转制前一年所审计沪深两市 A 股公司为初始样本，事务所转制前后所审计客户公司样本分布情况如表 4 - 2 Panel A 所示，从中可以看出，共有 48 家事务所先后完成转制。根据样本公司年度财务报告中披露的签字注册会计师姓名，我们手工搜集整理了审计师的个人特征信息，并剔除转制前后审计师个人特征信息缺失、转制前后所聘签字审计师有变更①的观测值，得到事务所转制当年所审计公司的有效观测值 1251 个，对应转制前一年所审计同一

---

① 如果在转制前后更换签字审计师，则会很难区分"转制"还是"换师"带来的变化，给本书研究事务所转制效益带来"噪声"。

批公司的有效观测值 1251 个，最终获得 2502 个符合条件的样本观测数，审计师个人特征样本分布情况如表 4 – 2 Panel B 所示。

审计师的个人特征信息大部分来自中注协网站[①]，我们对此全部采取手工搜集整理并交叉核对的方法，根据注册会计师的姓名、所在会计师事务所、注册会计师注册编号三者唯一对应的原则查询，对异常和可能的错误信息，反复查证后予以更正或剔除。样本中的其他财务数据来自 CSMAR 国泰安数据库，为消除极端值可能对研究结果造成的影响，对所有连续变量在 1% 和 99% 水平上进行了 Winsorize 处理，所有模型的回归分析均使用 Stata. 13 处理。

表 4 – 2　样本分布基本情况

Panel A：事务所转制前后所审计客户公司样本					
项目	2009 年	2010 年	2011 年	2012 年	2013 年	合计
已转制的事务所数量	–	3	10	9	26	48
转制后所审计客户样本数	0	209	410	296	600	1515
转制前所审计客户样本数	209	410	296	600	0	1515
客户公司样本数合计	209	619	706	896	600	3030

Panel B：审计师个人特征样本					
变量	2009 年	2010 年	2011 年	2012 年	2013 年	合计
Partner	166	490	570	761	515	2502
Tenure	166	490	570	761	515	2502
Age	166	490	570	761	515	2502
Gender	166	490	570	761	515	2502
Education	166	490	570	761	515	2502

---

① 尽管最近几年中注协不再披露审计师的年龄，但中注协之前是披露注册会计师的出生日期的，而我们一直关注审计师个人特征的研究，对注册会计师个人信息的数据有大量积累，因而保证了研究的顺利进行。

第四节　实证结果与分析

一　描述性统计

表4-3为各变量的描述性统计。从表4-3的Panel A中可以看出，所有公司的平均个股年回报率约为4.2%，约有55.1%的样本公司个股年回报率为负，平均资产规模（总资产的自然对数）为21.916，样本公司的股东权益市场价值和账面价值的比值平均为3.385，平均资产负债率为47.9%。表4-3中Panel B的数据显示，两名签字审计师中至少有一位是签字合伙人的比例是93.5%，说明审计报告中的签字注册会计师绝大部分已成为事务所合伙人（股东），这可能与事务所陆续转制为特殊普通合伙制存在较大关系。所有样本中两名签字审计师年龄均值的平均数为41岁，最大为62岁，最小为30岁，年龄差距较大。而在所有样本观测值条件下，两名签字审计师执业年限均值的平均数是12年，说明我国签字会计师整体上执业经验比较丰富。所有样本公司中两名签字会计师都为男性的比例为49.7%，两名签字审计师都具有本科或本科以上学历的比例为53.7%，说明我国签字审计师的整体受教育水平较高。

表4-3　描述性统计

Panel A	公司特征变量							
变量	数量	均值	标准差	最小值	P25	中位数	P75	最大值
LLP	2502	0.500	0.500	0.000	0.000	0.500	1.000	1.000
E/P	2502	0.024	0.055	1.354	0.009	0.021	0.041	0.523
R	2502	0.042	0.390	-0.627	-0.209	-0.042	0.189	4.461
DR	2502	0.551	0.497	0.000	0.000	1.000	1.000	1.000

续表

Panel A	公司特征变量							
变量	数量	均值	标准差	最小值	P25	中位数	P75	最大值
LNTA	2502	21.916	1.334	19.003	20.976	21.746	22.646	27.229
MB	2502	3.385	3.029	−0.492	1.668	2.514	3.983	20.244
LEV	2502	0.479	0.229	0.041	0.306	0.487	0.642	1.269
Panel B	审计师个人特征变量							
变量	数量	均值	标准差	最小值	P25	中位数	P75	最大值
Partner	2502	0.935	0.246	0.000	1.000	1.000	1.000	1.000
Tenure_ave	2502	11.952	3.062	2.708	9.708	11.833	13.958	22.375
Tenure	2502	0.504	0.500	0.000	0.000	0.000	1.000	1.000
Age_ave	2502	41.150	4.692	30.333	37.958	40.833	43.750	62.292
Age	2502	0.530	0.499	0.000	0.000	1.000	1.000	1.000
Gender	2502	0.497	0.500	0.000	0.000	0.000	1.000	1.000
Education	2502	0.537	0.499	0.000	0.000	1.000	1.000	1.000

二 多元回归分析

(一) 实证结果

表 4 – 4 显示了事务所转制对签字合伙人与签字非合伙人所审计客户公司会计稳健性的影响。从表中结果可见，在控制公司特征后的回归结果中，观察当 $Partner = 1$（注册会计师为签字合伙人）时模型（4 – 2）的回归结果，此时 $LLP \times R \times DR$ 的系数为 0.0633，且在 1% 的水平上显著。根据 Basu（1997）盈余—股票报酬计量模型的定义，将股票回报的正负作为好消息或坏消息的替代变量，DR 小于 0 视为坏消息，大于 0 则认为是好消息，如果会计盈余对坏消息反映更快则视为会计稳健性更高。因此，回归结果中 $LLP \times R \times DR$

的系数显著为正，说明事务所转制显著提高了签字合伙人所审计客户公司的会计稳健性。$Partner = 0$ 时 $LLP \times R \times DR$ 的系数为 0.0429，仍然为正，但不显著，说明事务所转制并未对签字非合伙人所审计客户公司的会计稳健性产生显著影响。进一步的，注册会计师为签字合伙人（$Partner = 1$）时 $LLP \times R \times DR$ 的系数为 0.0633，大于注册会计师为签字非合伙人（$Partner = 0$）时的系数 0.0429，且这两组间回归系数的 Chow 检验结果（F = 4.13，P = 0.000）显示这一差异十分显著。此外，在基本模型回归结果中，$LLP \times R \times DR$ 的系数方向和显著性水平，以及这两组间回归系数的 Chow 检验结果分别与控制公司特征后的回归结果一致。这些都一致说明，事务所转制对签字合伙人与签字非合伙人所审计客户公司的会计稳健性的影响程度存在显著差异，转制后签字合伙人所审计客户公司的会计稳健性显著提高，而签字非合伙人所审计客户公司的会计稳健性不存在显著变化。

表 4-5 显示了事务所转制对不同执业年限审计师所审计客户公司会计稳健性的影响。从表中基本模型回归和控制公司特征的回归结果看，$LLP \times R \times DR$ 的系数都在 5% 的水平上显著为正，这说明，无论是对执业年限相对较短（$Tenure = 1$）还是对执业年限较长（$Tenure = 0$）的签字审计师，事务所转制都显著提高了其所审计客户公司的会计稳健性。进一步的，在控制公司特征的回归结果中，在执业年限相对较短（$Tenure = 1$）的签字审计师组，$LLP \times R \times DR$ 的系数为 0.0832，大于执业年限相对较长（$Tenure = 0$）的签字审计师组的系数 0.0573，且 Chow 检验结果显示这一差异是显著的。此外，在基本模型回归结果中，$LLP \times R \times DR$ 的系数在 $Tenure = 1$ 与 $Tenure = 0$ 时分别为 0.0730 和 0.0603，且两组间回归系数的 Chow 检验结果也十分显著。这说明，事务所转制对不同执业年限签字审计师所审计客户公司的会计稳健性的提高幅度存在显著差异，具体而言，相对

从业年限较长的签字审计师，转制后从业年限较短的签字审计师所审计客户公司的会计稳健性水平提高程度更大。

表4-6显示了事务所转制对不同年龄特征签字审计师所审计客户公司会计稳健性的影响。从表中显示的结果可见，在基本模型回归结果中，在年龄均值较小（$Age=1$）的签字审计师组，$LLP \times R \times DR$ 的系数为 0.0759，且在 1% 的水平上显著，说明事务所转制显著提高了年轻签字审计师所审计客户公司的会计稳健性。$Age=0$ 时 $LLP \times R \times DR$ 的系数为 0.0544，仍然为正，但不显著，说明事务所转制并未对较为年长的签字审计师所审计客户公司的会计稳健性产生显著影响。在控制公司特征后的会计稳健性模型回归结果中，$LLP \times R \times DR$ 在 $Age=1$ 与 $Age=0$ 时的系数分别为 0.0795（在 1% 水平上显著）和 0.0556（10% 水平上显著），且这两组间回归系数的 Chow 检验结果（F=4.00，P=0.000）显示这一差异是显著的。这些一致说明，整体而言，事务所转制显著提高了签字审计师所审计客户公司的会计稳健性，但对不同年龄段签字审计师而言，其所审计客户公司的会计稳健性提高程度是不同的，相对于较为年长的签字审计师，事务所转制后，年轻签字审计师所审计客户公司的会计稳健性水平提高幅度更大。

表4-7显示了事务所转制对不同性别特征签字审计师所审计客户公司的会计稳健性的影响。从表中报告的结果可见，在基本模型回归结果中，$LLP \times R \times DR$ 的系数在签字审计师都为男性（$Gender=1$）的情况下为 0.0647，且在 5% 的水平上显著，在签字审计师至少有一名为女性（$Gender=0$）的情况下为 0.0585（在 5% 水平上显著），这说明事务所转制后，无论对男性或女性签字审计师而言，其所审计客户公司的会计稳健性都有显著提高。在控制公司特征后的回归结果中，$Gender=1$ 时 $LLP \times R \times DR$ 的系数为 0.0788，且在 1% 的水平上显著，$Gender=0$ 时 $LLP \times R \times DR$ 的系数为 0.0371，依然为正，但不显著。这

说明，事务所转制显著提高了男性签字审计师所审计客户公司的会计稳健性水平，但对女性签字审计师所审计公司而言，转制产生的这一效应并不明显。在控制公司特征的回归结果中，$LLP \times R \times DR$ 的系数在 $Gender = 1$ 时显著为正（1% 水平），但在 $Gender = 0$ 时这一系数更小，且不再显著，这两组间回归系数的 Chow 检验结果（F = 5.32，P = 0.000）显示这一差异是十分显著的。以上回归结果一致表明，事务所转制对不同性别签字审计师所审计客户公司的会计稳健性的提高程度存在显著差异，尤其是控制公司特征后的回归结果显示，男性签字审计师所审计客户公司的会计稳健性在事务所转制后提高十分明显，但女性签字审计师所审计公司的会计稳健性在事务所转制后并未发生显著变化。

表 4 - 8 显示了事务所转制对不同学历的签字审计师所审计客户公司会计稳健性的影响。从表中基本模型回归结果和控制公司特征的回归结果看，$LLP \times R \times DR$ 的系数都显著为正，这说明，无论是对学历较高（$Education = 1$）还是学历较低（$Education = 0$）的签字审计师，事务所转制都显著提高了其所审计客户公司的会计稳健性。进一步的，控制公司特征的回归结果显示，$LLP \times R \times DR$ 的系数在高学历（$Education = 1$）签字审计师中为 0.0649，大于低学历（$Education = 0$）签字审计师中的系数 0.0580，且 Chow 检验结果表明这一差异是显著的。在基本模型回归结果中，$LLP \times R \times DR$ 在 $Education = 1$ 与 $Education = 0$ 时的系数分别为 0.0801 和 0.0536，且 Chow 检验结果表明这一差异是十分显著的。以上回归结果一致表明，事务所转制对不同学历签字审计师所审计客户公司的会计稳健性的提高程度不同，具体来说，相对于学历较低的签字审计师，事务所转制在更大程度上提高了高学历签字审计师所审计客户公司的会计稳健性。

表 4-4　事务所转制、签字合伙人身份与会计稳健性

变量	基本模型回归结果		控制公司特征的回归结果	
	$Partner = 1$	$Partner = 0$	$Partner = 1$	$Partner = 0$
R	0.0154 **	0.0147	0.2340	-0.0000
	(2.08)	(0.75)	(1.18)	(-0.00)
DR	0.0096	-0.0105	0.3166 **	0.2357
	(1.63)	(-0.52)	(2.46)	(0.86)
LLP	0.0095	0.0083	0.0093	0.0109
	(1.54)	(0.44)	(1.25)	(0.59)
$R \times DR$	0.0232	0.0050	-0.1495	-0.9602
	(1.55)	(0.13)	(-0.52)	(-1.34)
$LLP \times R$	-0.0170 *	-0.0247	-0.0246	-0.0571
	(-1.75)	(-0.96)	(-1.58)	(-1.59)
$LLP \times DR$	-0.0025	-0.0081	-0.0029	-0.0210
	(-0.34)	(-0.34)	(-0.36)	(-0.95)
$LLP \times R \times DR$	0.0628 ***	0.0457	0.0633 ***	0.0429
	(2.95)	(0.91)	(2.85)	(0.62)
$LNTA$	—	—	0.0247 ***	0.0248 ***
			(4.21)	(2.65)
$LNTA \times R$	—	—	-0.0110	0.0006
			(-1.15)	(0.04)
$LNTA \times DR$	—	—	-0.0155 **	-0.0108
			(-2.50)	(-0.84)
$LNTA \times DR \times R$	—	—	0.0051	0.0485
			(0.37)	(1.43)
MB	—	—	0.0048 *	0.0047
			(1.92)	(1.41)
$MB \times R$	—	—	-0.0055 *	-0.0041
			(-1.72)	(-0.87)
$MB \times DR$	—	—	-0.0052 **	-0.0116 **
			(-2.02)	(-2.23)

续表

变量	基本模型回归结果		控制公司特征的回归结果	
	$Partner = 1$	$Partner = 0$	$Partner = 1$	$Partner = 0$
$MB \times DR \times R$	—	—	0.0031 (0.53)	-0.0135 (-1.38)
LEV	—	—	-0.1186*** (-2.63)	-0.0915 (-1.43)
$LEV \times R$	—	—	0.1181* (1.72)	0.0697 (0.77)
$LEV \times DR$	—	—	0.1058** (2.27)	0.0945 (1.43)
$LEV \times DR \times R$	—	—	0.0711 (0.81)	-0.0491 (-0.43)
$INTERCEPT$	0.0197*** (3.84)	0.0332* (1.91)	-0.4817*** (-3.98)	-0.4861** (-2.52)
Chow 检验	(F = 7.19, P = 0.000)		(F = 4.13, P = 0.000)	
N	2340	162	2340	162
R^2	0.0184	0.0545	0.1638	0.2202
F	7.63	4.11	16.99	5.79

注：***、**、* 分别表示在1%、5%、10%的显著性水平上显著，本章后续报告的表格与此相同。

表4-5　事务所转制、审计师执业年限与会计稳健性

变量	基本模型回归结果		控制公司特征的回归结果	
	$Tenure = 1$（1）	$Tenure = 0$（2）	$Tenure = 1$（3）	$Tenure = 0$（4）
R	0.0062 (1.25)	0.0304** (2.27)	0.3980 (1.35)	0.1161 (0.47)
DR	0.0081 (1.51)	0.0101 (1.01)	0.4130*** (2.80)	0.2455 (1.19)
LLP	0.0139* (1.94)	0.0080 (0.82)	0.0097 (1.15)	0.0106 (0.93)

变量	基本模型回归结果		控制公司特征的回归结果	
	$Tenure = 1$ （1）	$Tenure = 0$ （2）	$Tenure = 1$ （3）	$Tenure = 0$ （4）
$R \times DR$	0.0362 *** (2.87)	− 0.0002 (− 0.01)	− 0.3617 (− 0.93)	0.1348 (0.36)
$LLP \times R$	− 0.0219 ** (− 2.47)	− 0.0234 (− 1.42)	− 0.0272 ** (− 1.99)	− 0.0303 (− 1.38)
$LLP \times DR$	− 0.0113 (− 1.31)	0.0024 (0.21)	− 0.0085 (− 0.90)	− 0.0005 (− 0.04)
$LLP \times R \times DR$	0.0730 ** (2.19)	0.0603 ** (2.51)	0.0832 ** (2.48)	0.0573 ** (2.33)
$LNTA$	—	—	0.0266 *** (4.12)	0.0226 ** (2.33)
$LNTA \times R$	—	—	− 0.0184 (− 1.29)	− 0.0060 (− 0.51)
$LNTA \times DR$	—	—	− 0.0197 *** (− 2.87)	− 0.0125 (− 1.24)
$LNTA \times DR \times R$	—	—	0.0156 (0.84)	− 0.0072 (− 0.40)
MB	—	—	0.0049 (1.49)	0.0041 (1.09)
$MB \times R$	—	—	− 0.0059 (− 1.56)	− 0.0033 (− 0.58)
$MB \times DR$	—	—	− 0.0072 ** (− 2.11)	− 0.0036 (− 0.93)
$MB \times DR \times R$	—	—	− 0.0041 (− 0.73)	0.0067 (0.76)
LEV	—	—	− 0.1052 *** (− 2.62)	− 0.1315 * (− 1.67)
$LEV \times R$	—	—	0.1029 (1.31)	0.1348 (1.40)

续表

变量	基本模型回归结果		控制公司特征的回归结果	
	Tenure = 1（1）	Tenure = 0（2）	Tenure = 1（3）	Tenure = 0（4）
LEV × DR	—	—	0. 1068 **	0. 1054
			（2. 52）	（1. 31）
LEV × DR × R	—	—	0. 1167	− 0. 0390
			（1. 07）	（− 0. 32）
INTERCEPT	0. 0203 ***	0. 0188 **	− 0. 5296 ***	− 0. 4291 **
	（4. 50）	（2. 08）	（− 3. 81）	（− 2. 17）
Chow 检验	（F = 9. 92，P = 0. 000）		（F = 4. 31，P = 0. 000）	
N	1260	1242	1260	1242
R²	0. 0268	0. 0204	0. 1770	0. 1619
F	5. 56	4. 89	11. 49	10. 89

表 4 - 6　事务所转制、审计师年龄特征与会计稳健性

变量	基本模型回归结果		控制公司特征的回归结果	
	Age = 1（1）	Age = 0（2）	Age = 1（3）	Age = 0（4）
R	0. 0088	0. 0288 **	0. 3534	0. 0971
	（1. 62）	（2. 02）	（1. 30）	（0. 38）
DR	0. 0078	0. 0104	0. 3532 **	0. 2566
	（1. 43）	（1. 01）	（2. 42）	（1. 23）
LLP	0. 0128 *	0. 0080	0. 0111	0. 0090
	（1. 81）	（0. 80）	（1. 21）	（0. 79）
R × DR	0. 0321 **	0. 0044	− 0. 3568	0. 0309
	（2. 29）	（0. 18）	（− 0. 98）	（0. 07）
LLP × R	− 0. 0226 **	− 0. 0225	− 0. 0334 **	− 0. 0235
	（− 2. 32）	（− 1. 32）	（− 2. 07）	（− 1. 11）
LLP × DR	− 0. 0065	− 0. 0015	− 0. 0055	− 0. 0029
	（− 0. 76）	（− 0. 13）	（− 0. 54）	（− 0. 23）

续表

变量	基本模型回归结果		控制公司特征的回归结果	
	$Age=1$ （1）	$Age=0$ （2）	$Age=1$ （3）	$Age=0$ （4）
$LLP \times R \times DR$	0.0759***	0.0544	0.0795***	0.0556*
	（3.16）	（1.61）	（3.01）	（1.74）
$LNTA$	—	—	0.0257***	0.0232**
			（3.98）	（2.49）
$LNTA \times R$	—	—	−0.0157	−0.0058
			（−1.20）	（−0.49）
$LNTA \times DR$	—	—	−0.0169**	−0.0131
			（−2.51）	（−1.28）
$LNTA \times DR \times R$	—	—	0.0149	−0.0020
			（0.85）	（−0.10）
MB	—	—	0.0043	0.0044
			（1.22）	（1.24）
$MB \times R$	—	—	−0.0064	−0.0017
			（−1.65）	（−0.28）
$MB \times DR$	—	—	−0.0064*	−0.0040
			（−1.75）	（−1.06）
$MB \times DR \times R$	—	—	−0.0024	0.0037
			（−0.43）	（0.39）
LEV	—	—	−0.1085***	−0.1266*
			（−2.61）	（−1.68）
$LEV \times R$	—	—	0.0999	0.1383
			（1.28）	（1.46）
$LEV \times DR$	—	—	0.0965**	0.1131
			（2.23）	（1.47）
$LEV \times DR \times R$	—	—	0.0804	0.0119
			（0.68）	（0.10）
$INTERCEPT$	0.0226***	0.0168*	−0.5069***	−0.4461**
	（5.12）	（1.79）	（−3.62）	（−2.35）

续表

变量	基本模型回归结果		控制公司特征的回归结果	
	$Age=1$（1）	$Age=0$（2）	$Age=1$（3）	$Age=0$（4）
Chow 检验	（F = 7. 30，P = 0. 000）		（F = 4. 00，P = 0. 000）	
N	1326	1176	1326	1176
R^2	0. 0305	0. 0158	0. 1926	0. 1482
F	6. 46	3. 61	14. 32	7. 23

表 4 - 7　事务所转制、审计师性别特征与会计稳健性

变量	基本模型回归结果		控制公司特征的回归结果	
	$Gender=1$	$Gender=0$	$Gender=1$	$Gender=0$
R	0. 0144	0. 0222 ***	0. 2870	0. 0947
	（1. 39）	（3. 48）	（0. 96）	（0. 87）
DR	0. 0099	0. 0077	0. 3530 *	0. 2230 ***
	（1. 03）	（1. 50）	（1. 65）	（2. 97）
LLP	0. 0127	0. 0057	0. 0146	− 0. 0003
	（1. 20）	（1. 13）	（1. 27）	（− 0. 05）
$R \times DR$	0. 0206	0. 0166	− 0. 0654	− 0. 2842
	（0. 95）	（0. 98）	（− 0. 18）	（− 0. 87）
$LLP \times R$	− 0. 0201 *	− 0. 0140	− 0. 0396 *	− 0. 0003
	（− 1. 67）	（− 0. 87）	（− 1. 88）	（− 0. 01）
$LLP \times DR$	− 0. 0039	− 0. 0011	− 0. 0081	0. 0056
	（− 0. 33）	（− 0. 15）	（− 0. 66）	（0. 72）
$LLP \times R \times DR$	0. 0647 **	0. 0585 **	0. 0788 ***	0. 0371
	（2. 17）	（1. 98）	（2. 60）	（1. 11）
$LNTA$	—	—	0. 0278 ***	0. 0199 ***
			（2. 75）	（9. 21）
$LNTA \times R$	—	—	− 0. 0132	− 0. 0061
			（− 0. 92）	（− 1. 18）

续表

变量	基本模型回归结果		控制公司特征的回归结果	
	$Gender = 1$	$Gender = 0$	$Gender = 1$	$Gender = 0$
$LNTA \times DR$	—	—	-0.0174^{*} (-1.67)	-0.0111^{***} (-3.24)
$LNTA \times DR \times R$	—	—	0.0017 (0.10)	0.0144 (0.94)
MB	—	—	0.0074^{*} (1.92)	-0.0001 (-0.04)
$MB \times R$	—	—	-0.0081^{*} (-1.75)	0.0034 (0.63)
$MB \times DR$	—	—	-0.0080^{**} (-2.06)	-0.0016 (-0.75)
$MB \times DR \times R$	—	—	-0.0005 (-0.08)	-0.0051 (-0.63)
LEV	—	—	-0.1607^{**} (-2.15)	-0.0695^{***} (-3.74)
$LEV \times R$	—	—	0.1492 (1.48)	0.0928 (1.32)
$LEV \times DR$	—	—	0.1471^{*} (1.93)	0.0518^{**} (2.37)
$LEV \times DR \times R$	—	—	0.0426 (0.35)	0.0077 (0.07)
$INTERCEPT$	0.0159^{*} (1.80)	0.0239^{***} (7.31)	-0.5460^{***} (-2.63)	-0.3747^{***} (-8.00)
Chow 检验	$(F = 7.39, P = 0.000)$		$(F = 5.32, P = 0.000)$	
N	1244	1258	1244	1258
R^2	0.0137	0.0319	0.1861	0.1760
F	3.79	6.27	11.18	11.44

表 4 − 8　事务所转制、审计师学历与会计稳健性

变量	基本模型回归结果		控制公司特征的回归结果	
	Education = 1	Education = 0	Education = 1	Education = 0
R	0.0144	0.0199 ***	0.5182	0.1170
	(1.45)	(3.16)	(1.10)	(1.34)
DR	0.0116	0.0046	0.4167 *	0.2848 ***
	(1.37)	(0.76)	(1.70)	(2.68)
LLP	0.0163 *	0.0028	0.0095	0.0030
	(1.89)	(0.46)	(0.92)	(0.51)
R × DR	0.0210	0.0173	− 0.6578	0.1596
	(1.24)	(0.84)	(− 1.21)	(0.44)
LLP × R	− 0.0195	− 0.0193 **	− 0.0120	− 0.0235 ***
	(− 1.16)	(− 2.27)	(− 0.43)	(− 3.03)
LLP × DR	− 0.0040	− 0.0011	0.0017	− 0.0012
	(− 0.40)	(− 0.13)	(0.15)	(− 0.15)
LLP × R × DR	0.0801 ***	0.0536 *	0.0649 *	0.0580 **
	(2.93)	(1.79)	(1.93)	(2.32)
LNTA	—	—	0.0316 ***	0.0199 ***
			(2.67)	(6.18)
LNTA × R	—	—	− 0.0260	− 0.0040
			(− 1.13)	(− 0.97)
LNTA × DR	—	—	− 0.0207 *	− 0.0135 ***
			(− 1.73)	(− 2.68)
LNTA × DR × R	—	—	0.0326	− 0.0111
			(1.22)	(− 0.65)
MB	—	—	0.0052	0.0047 ***
			(1.34)	(2.66)
MB × R	—	—	− 0.0070	− 0.0060 ***
			(− 1.18)	(− 2.94)
MB × DR	—	—	− 0.0064	− 0.0058 ***
			(− 1.61)	(− 2.89)

变量	基本模型回归结果		控制公司特征的回归结果	
	$Education = 1$	$Education = 0$	$Education = 1$	$Education = 0$
$MB \times DR \times R$	—	—	-0.0011 (-0.15)	0.0043 (0.70)
LEV	—	—	-0.1604^* (-1.84)	-0.0814^{***} (-4.17)
$LEV \times R$	—	—	0.2158 (1.42)	0.0471^{**} (2.11)
$LEV \times DR$	—	—	0.1407 (1.60)	0.0734^{***} (2.90)
$LEV \times DR \times R$	—	—	-0.1068 (-0.62)	0.1489^* (1.88)
$INTERCEPT$	0.0187^{**} (2.37)	0.0220^{***} (5.52)	-0.6158^{**} (-2.56)	-0.3910^{***} (-5.81)
Chow 检验	（F = 10.24，P = 0.000）		（F = 4.45，P = 0.000）	
N	1344	1158	1344	1158
R^2	0.0188	0.0286	0.1679	0.1803
F	7.49	5.27	10.74	9.69

（二）回归结果分析

综合以上实证结果可知，尽管 Gul et al.（2013）研究发现高学历审计师的审计报告更加激进，但本书的研究结论显示，当法律责任发生重大变化时，具有本科或以上学历签字审计师的审计行为会发生更大变化，其所审计客户公司的会计稳健性得到更大提高。本书还发现，相对于女性、较为年长的、从业年限更长的，男性、较为年轻的、执业年限较短的签字审计师在事务所转制后，其所审计客户公司的会计稳健性提高更明显，这说明他们对事务所转制所带来的法律责任的增加更为敏感。此外，本书研究还表明，事务所转制对签字合伙人与签字非合伙人所审计公司的会计稳健性的影响显著不同，事务所转制显著提高了签字合伙人所审计客户公司的会计稳健性，而对签字非合伙人，转制带来的这一积极效应并不明显。以上研究结论一致表明，事务所转制对个人特征不同的签字审计师所审计客户公司的会计稳健性的提高程度显著不同。进一步分析，本书认为造成这一结果的原因在于个人特征不同的签字审计师对风险的厌恶程度不同，面对事务所转制带来的法律责任增加，其审计行为有显著差异，具体原因分析如下。

第一，尽管丁利等（2012）实证研究发现签字审计师的学历与审计质量并不存在显著相关性，但签字审计师的学历越高，接受的专业知识越多，对会计、审计理论知识的把握会更系统和深入，在审计决策和判断上综合运用有关专业审计知识和信息的能力越强，并且，高学历审计师通常被认为具有更坚定的道德信仰和更高的道德决策水准（Keller et al.，2007）。因此，风险提高时高学历审计师会更谨慎和更敏感，反应也更加强烈，其对所审计公司的会计稳健性要求更高，表现为所审计客户公司会计稳健性提高程度更大。

第二，年轻审计师精力充沛，应变能力较强，更乐于接受变革，继续学习和接受培训的能力也较强，对未来职业规划要求更高，这些都有利于他们更加积极地应对事务所转制可能带来的法律风险，使得其所审计客户公司的会计稳健性有可能在事务所转制时得到更大提高。

第三，从事审计工作时间越长，对审计工作程序和审计行业的了解越深入和具体，但经验丰富的审计师，由于长期以来工作中可能形成的惯性思维，更可能产生认知偏差（Tan，1995；Earley，2002），从而限制其资深经验发挥的积极作用，且阅历丰富者的审计报告行为往往更加自信，在对待事务所转制带来的法律风险增加问题上反应可能更为平淡，审计行为变化相对更小，表现在会计稳健性的提高相对不明显。

第四，尽管在西方有关性别与风险态度关系的研究中，部分学者认为女性比男性更加厌恶风险，审计报告行为更加谨慎，但国内文献研究并未取得与西方一致的结论，中国传统文化中有关性别观念与西方存在较大不同，且中国文化相对更加保守和中庸，因此，在面对风险变化时女性还是男性审计师的审计行为更为谨慎，仍可能是一个有待探索的问题。

第五，正如本章前文中所分析，此次事务所转制对签字合伙人与签字非合伙人带来的法律责任和风险的变化是不同的。事务所组织形式向特殊普通合伙制的转变，使得签字合伙人的法律责任和潜在诉讼风险增加，为规避可能的审计失败和损失，签字合伙人势必会采取更为审慎的审计方法和程序，努力控制审计风险，提高审计质量，而对签字非合伙人来说，由于其在事务所转制前后所承担的法律责任和面临的诉讼风险并未产生明确的实质性变化，因而他们所审计客户公司的会计稳健性变化不明显也在情理之中了。

第五节　进一步测试

会计稳健性的计量方法较多，Ball and Shivakumar（2005）提出的应计—现金流计量法被认为是继 Basu（1997）提出的盈余—股票报酬计量法之后，被广泛使用的又一计量模型（张兆国等，2012），与 Basu（1997）提出的非对称及时性计量方法不同，Ball and Shivakumar（2005）是建立在时间序列上正负相关现金流的基础之上的。为增强实证研究结果的可靠性，本章进一步采用 Ball and Shivakumar（2005）提出的应计—现金流计量法对比分析转制对个人特征不同的签字审计师的影响，具体模型如下：

$$ACC = \alpha + \xi_1 CFO + \xi_2 DCFO + \xi_3 CFO \times DCFO + \xi_4 LLP + \xi_5 LLP \times CFO$$
$$+ \xi_6 LLP \times DCFO + \xi_7 LLP \times CFO \times DCFO + \xi_8 LNTA + \xi_9 LNTA \times CFO$$
$$+ \xi_{10} LNTA \times DCFO + \xi_{11} LNTA \times CFO \times DCFO + \xi_{12} MB + \xi_{13} MB \times CFO$$
$$+ \xi_{14} MB \times DCFO + \xi_{15} MB \times CFO \times DCFO + \xi_{16} LEV + \xi_{17} LEV \times CFO$$
$$+ \xi_{18} LEV \times DCFO + \xi_{19} LEV \times CFO \times DCFO + \eta \qquad (4-3)$$

模型（4-3）建立在 Ball and Shivakumar（2005）提出的应计—现金流模型基础上，ACC 表示公司的总应计额，为营业利润减去经营性现金流，CFO 为来自经营活动的净现金流量除以总资产，$DCFO$ 为虚拟变量，如果 CFO 小于 0 则设为 1，否则为 0。其他控制变量的选取与模型（4-2）相同，参考 Khan and Watts（2009）、Chen et al.（2010）、Gul et al. (2013) 的建议，控制了客户公司的资产规模 $LNTA$、资产负债率 LEV、股东权益的市场价值与账面价值之比 MB。根据 Ball and Shivakumar（2005）提出的应计—现金流计量模型的定义，现金流为负时意味着发生损失，如果损失被及时确认则当期应计为负，这意味着发生损失时现金流和应计数都表现为负，二者存在显著正相关关系，因此，如果事务所转制显著提高了客户公司的会计稳健性，那么预期 $LLP \times CFO \times DCFO$ 的系数 ξ_7 应显著为正。

考虑到模型（4-3）中也涉及三个变量的交互项，因此，与模型（4-2）的研究方法一致，此处在研究设计上也采用对样本分组回归，比较分组后的两组回归结果的系数是否有显著差异的思路，签字审计师个人特征变量的设定和定义与模型（4-2）中的相同。表4-9简要显示了当采用 Ball and Shivakumar（2005）提出的会计稳健性计量模型时，事务所转制对个人特征不同的签字审计师所审计客户公司的会计稳健性的影响。从表中 Panel A 报告的结果可见，事务所转制显著提高了签字合伙人所审计客户公司的会计稳健性，而对签字非合伙人，转制带来的这一积极作用并不明显。Panel B 的结果显示，事务所转制对会计稳健性的积极作用受签字审计师执业年限的影响，转制在更大程度上提高了从业时间较短的签字审计师所审计客户公司的会计稳健性，而对执业年限较长的签字审计师来说，转制后其所审计客户公司的会计稳健性的提高相对有限。在 Panel C 中，$LLP \times CFO \times DCFO$ 的系数只在年轻签字审计师（$Age = 1$）组显著为正，在较为年长的签字审计师（$Age = 0$）组，该系数依然为正，但不显著，这意味着事务所转制对不同年龄段的签字审计师所审计客户公司的会计稳健性的影响显著不同，转制显著提高了年轻签字审计师所审计客户公司的会计稳健性，但对于相对年长的签字审计师所审计的客户公司来说，转制的这一积极作用并不明显。Panel D 中控制公司特征的回归结果显示，事务所转制对男性和女性签字审计师的会计稳健性都未产生显著影响，与前文模型（4-2）的回归结果并不一致。Panel E 的结果显示，事务所转制对各学历签字审计师的审计行为都产生了显著的影响，但高学历签字审计师所审计客户公司的会计稳健性提高幅度更大。

进一步测试的回归结果再次表明，事务所转制对个人特征不同的签字审计师所审计客户公司的会计稳健性的影响显著不同。具体而言，第一，转制对签字合伙人与签字非合伙人所审计公司的会计稳健性的影响存在显著差异，事务所转制显著提高了签字合伙人所审计客户公司的会计稳健性，而对签字非合伙人所审计公司来说，转制带来的这一积极作用并不明显；第二，具有本科或以上学历签字审计师的审计行为会发生更大变化，其所审计客户公司的会计稳健性得到更大提高；第三，相对于较为年长的、从业年限更长的审计师，转制后，较为年轻的、执业年限较短的签字审计师所审计客户公司的会计稳健性提高更明显。这些研究结论均与模型（4-2）所得到的回归结果一致。此外，进一步测试的结果表明，转制对不同性别签字审计师所审计客户公司的会计稳健性的影响程度并不存在显著差异，但本章按照 Basu（1997）提出的盈余—股票报酬法建立的计量模型（4-2）的回归结果显示，事务所转制显著提高了男性审计师所审计客户公司的会计稳健性，两个模型的回归结果并不一致，因此，事务所转制对不同性别审计师审计行为的影响规律仍有待进一步考察。

表 4 - 9 进一步测试回归结果

Panel A：事务所转制、签字合伙人身份与会计稳健性				
变量	基本模型回归结果		控制公司特征回归结果	
	Partner = 1	Partner = 0	Partner = 1	Partner = 0
$LLP \times CFO \times DCFO$	4.3103 *** (15.02)	1.2811 *** (5.60)	2.4894 * (1.66)	0.1454 (0.57)
Chow 检验	（F = 3.20，P = 0.000）		（F = 2.24，P = 0.000）	

Panel B：事务所转制、审计师执业年限与会计稳健性				
变量	基本模型回归结果		控制公司特征回归结果	
	Tenure = 1	Tenure = 0	Tenure = 1	Tenure = 0
$LLP \times CFO \times DCFO$	0.8703 *** (3.02)	0.2834 (0.95)	4.8225 *** (7.61)	0.4837 *** (1.99)
Chow 检验	（F = 4.86，P = 0.000）		（F = 3.85，P = 0.000）	

Panel C：事务所转制、审计师年龄特征与会计稳健性				
变量	基本模型回归结果		控制公司特征回归结果	
	Age = 1	Age = 0	Age = 1	Age = 1
$LLP \times CFO \times DCFO$	5.0721 *** (7.56)	1.9834 (1.04)	1.8083 *** (3.43)	1.3691 (0.87)
Chow 检验	（F = 3.32，P = 0.000）		（F = 4.78，P = 0.000）	

Panel D：事务所转制、审计师性别特征与会计稳健性				
变量	基本模型回归结果		控制公司特征回归结果	
	Gender = 1	Gender = 0	Gender = 1	Gender = 0
$LLP \times CFO \times DCFO$	3.3966 *** (14.02)	1.2637 *** (5.11)	1.7373 (0.84)	0.1996 (1.05)
Chow 检验	（F = 3.86，P = 0.000）		（F = 3.32，P = 0.000）	

变量	基本模型回归结果		控制公司特征回归结果	
	$Education = 1$	$Education = 0$	$Education = 1$	$Education = 0$
$LLP \times CFO \times DCFO$	1. 5251 *** (4. 95)	3. 7538 (0. 96)	5. 2349 *** (16. 10)	0. 7269 * (1. 85)
Chow 检验	（F = 4. 99， P = 0. 000）		（F = 3. 53， P = 0. 000）	

Panel E：事务所转制、审计师学历与会计稳健性

注：限于篇幅，本表只报告了关键变量的回归结果和 Chow 检验结果。

第六节　稳健性检验与替代性解释的排除

一　稳健性检验

为增强研究结果的可靠性，针对主测试中模型（4 - 2）做了如下稳健性检验。

第一，对 Tenure 和 Age 按其中位数分组。更换虚拟变量 Tenure 和 Age 的设定，将签字审计师的执业年限和年龄按照中位数分组。如果审计师的执业年限 Tenure 小于或等于其中位数则取值为 1，否则为 0；如果审计师的年龄 Age 小于或等于其中位数则取值为 1，否则为 0。表 4 - 10 中 Panel A 显示了重新设定执业年限、年龄变量后的回归结果。

第二，更换 Gender 和 Education 虚拟变量的设定。对于性别，如果两个审计师中至少有一个为男性则 Gender 取值为 1；对于学历，至少有一个是本科或以上则取值为 1，否则为 0。表 4 - 10 中 Panel B 列示了更换性别、学历变量设定后的回归结果。

第三，Age 按照 1971 年之后出生的设为 1。参照 Gul et al. （2013）对注册审计师年龄变量的设置，按照审计师的出生年代将其年龄分

组，如果两个审计师中至少有一个出生在 1971 年之后，则 *Age* 取值为 1，否则为 0。重新设定年龄变量后的回归结果见表 4 - 10 中的 Panel C。

第四，对 162 个 *Partner* = 0 的样本配对。考虑到签字非合伙人的样本量相对较少，而这可能对研究结果造成一定的影响，因此，按同年度、同行业、业绩最接近的原则寻找配对公司样本，将 162 个 *Partner* = 0 的样本与 162 个 *Partner* = 1 的样本进行，得到 324 个配对样本。表 4 - 10 中 Panel D 报告了按照配对样本重新对模型（4 - 2）进行回归的结果。

由表 4 - 10 中 Panel A 至 Panel D 的结果可见，待检验交互项 *LLP* × *R* × *DR* 的系数方向和显著性水平、各组间回归系数的大小差异、Chow 检验结果均与主测试中模型（4 - 2）的多元回归结果基本一致，仍说明事务所转制对个人特征不同的审计师所审计客户公司的会计稳健性的影响是显著不同的。具体来说，相对于女性、学历较低、较为年长、执业年限较长的签字审计师，男性、具有本科或以上学历、较为年轻、执业年限较短的签字审计师的审计行为在事务所转制后会发生更大变化，其所审计客户公司的会计稳健性得到更大提高。

表 4 - 10　稳健性检验结果

变量	基本模型回归结果		控制公司特征回归结果	
	Tenure = 1	*Tenure* = 0	*Tenure* = 1	*Tenure* = 0
LLP × *R* × *DR*	0.0773 ** （2.33）	0.0548 ** （2.29）	0.0846 ** （2.58）	0.0554 ** （2.24）
Chow 检验	（F = 8.50，P = 0.000）		（F = 4.21，P = 0.000）	

Panel A：对 *Tenure* 和 *Age* 按其中位数分组

Panel A：对 *Tenure* 和 *Age* 按其中位数分组				
变量	基本模型回归结果		控制公司特征回归结果	
	Age = 1	*Age* = 0	*Age* = 1	*Age* = 0
LLP × *R* × *DR*	0.0705 ***	0.0600 *	0.0738 ***	0.0619 *
	（2.94）	（1.83）	（2.81）	（1.96）
Chow 检验	（F = 7.47，P = 0.000）		（F = 3.78，P = 0.000）	

Panel B：更换 *Gender* 和 *Education* 虚拟变量的设定				
变量	基本模型回归结果		控制公司特征回归结果	
	Gender = 1	*Gender* = 0	*Gender* = 1	*Gender* = 1
LLP × *R* × *DR*	0.1388 **	0.0530 **	0.1341 **	0.0534 **
	（2.35）	（2.43）	（2.55）	（2.38）
Chow 检验	（F = 7.35，P = 0.000）		（F = 4.11，P = 0.000）	
变量	基本模型回归结果		控制公司特征回归结果	
	Education = 1	*Education* = 0	*Education* = 1	*Education* = 0
LLP × *R* × *DR*	0.0714 ***	0.0087	0.0702 ***	0.0185
	（3.26）	（0.19）	（2.93）	（0.45）
Chow 检验	（F = 10.10，P = 0.000）		（F = 3.79，P = 0.000）	

Panel C：*Age* 按照 1971 年之后出生的设为 1				
变量	基本模型回归结果		控制公司特征回归结果	
	Age = 1	*Age* = 0	*Age* = 1	*Age* = 1
LLP × *R* × *DR*	0.0702 ***	0.0510	0.0836 ***	0.0501
	（3.04）	（1.26）	（3.12）	（1.46）
Chow 检验	（F = 9.53，P = 0.000）		（F = 5.35，P = 0.000）	

Panel D：对 162 个 *Partner* = 0 的样本配对				
变量	基本模型回归结果		基本回归结果	
	Partner = 1	*Partner* = 0	*Partner* = 1	*Partner* = 0
LLP × *R* × *DR*	0.1025 **	0.0882	0.1346 **	0.0655
	（2.31）	（1.21）	（2.53）	（0.91）

注：限于篇幅，本表只报告了关键变量的回归结果和 Chow 检验结果。

此外，本章还做了如下稳健性测试。首先，考虑到在此次事务所组织形式向特殊普通合伙制转变的过程中，四大会计师事务所还同时进行了本土化转制，从而可能很难区分两种转制对审计质量的影响，因此，将四大会计师事务所样本剔除后，将净化后的样本重新对模型（4－2）进行回归。其次，考虑到行业固定效应可能对研究结果带来一定的影响，参考 Ramalingegowda and Yu（2012）的处理方法，在原模型（4－2）的基础上，引入行业哑变量 IND。如果公司 i 在 t 年被划分为某一行业 j[①]，则 IND 取值为 1，否则为 0。IND 与原模型（4－2）中的 R、DR、$R \times DR$ 分别生成交互项 $IND \times R$、$IND \times DR$、$IND \times R \times DR$，将 IND 和新生成的交互项全部代入原模型（4－2）重新回归。最后，为控制时间演进因素可能对会计稳健性造成的潜在影响，借鉴 Ramalingegowda and Yu（2012）的方法，在原模型（4－2）的基础上，引入年度哑变量 $YEAR$。如果公司 i 处于 t 期，则 $YEAR$ 取值为 1，否则为 0。$YEAR$ 与原模型（4－2）中的 R、DR、$R \times DR$ 分别生成交互项 $YEAR \times R$、$YEAR \times DR$、$YEAR \times R \times DR$，将 $YEAR$ 和新生成的交互项全部代入原模型（4－2）重新回归。以上几种稳健性测试的回归结果均与本章前文主测试中模型（4－2）的多元回归结果一致，限于篇幅，详细的结果并未在正文中予以报告。

二　替代性解释的排除

此外，正如 Gul et al.（2013）发现高学历审计师更加激进，面临风险变化时反应更激烈，表现为稳健性提高更多。同样，年长的、执业年限较长的，由于以前经验更为丰富，可能已经比较稳健了，从而提高的程度有限，相反，年轻的、执业时间较短的，提高的空间更大，从而表现为稳健性提高更多。因此，以上两个方面的原因

[①]　j 是按照 CSMAR 数据库中证监会行业分类（2012 年版）的"门类"标准划分的。

解释都可能导致文中模型回归的结果。为此，本书采取了以下研究设计，拟排除替代性解释。

仍采用模型（4-2）的会计稳健性计量方法，但此时以审计师的个人特征为研究变量。首先，在事务所转制之前（$LLP=0$），对比研究以下 4 组样本［签字合伙人与签字非合伙人（$Partner=1$ vs. $Partner=0$）、年长的与年轻的（$Age=1$ vs. $Age=0$）、执业年限较长的与执业年限较短的（$Tenure=1$ vs. $Tenure=0$）、男性与女性（$Gender=1$ vs. $Gender=0$）、高学历与低学历（$Education=1$ vs. $Education=0$）］所审计客户公司的会计稳健性是否存在显著差异。其次，在事务所转制之后（$LLP=1$），做相同的对比研究。审计师个人特征变量的定义与模型（4-2）相同，将变量 $Partner$、$Tenure$、Age①、$Gender$、$Education$ 依次代入模型（4-2）回归，分别测试转制前（$LLP=0$）以及转制后（$LLP=1$）审计师个人特征与会计稳健性的关系，主要变量的回归结果如表 4-11 所示。

$Partner \times R \times DR$、$Tenure \times R \times DR$、$Age \times R \times DR$、$Gender \times R \times DR$、$Education \times R \times DR$ 为待检验的关键交互项，从表 4-11 显示的结果可见，事务所转制前（$LLP=0$），基本模型回归和控制公司特征的回归结果一致表明，待检验的交互项系数都为正，且都不显著。这说明，事务所转制前，不同签字合伙人身份（$Partner$）、不同执业年限（$Tenure$）、不同年龄段（Age）、不同性别（$Gender$）、不同学历层次（$Education$）的签字审计师，其所审计公司的会计稳健性之间均不存在显著差异。而在事务所转制后（$LLP=1$），特别是在控制公司特征后的回归结果中，待检验交互项除 $Gender \times R \times DR$ 外，其余各待检验交互项的系数均显著为正。这说明事务所转制后，签

---

① 此处同时参考 Gul et al.（2013）对年龄的设置，将至少有一个审计师在 1971 年之后出生设为 1，否则为 0，分别测试转制前后不同年龄段的签字审计师与会计稳健性的关系，得到的回归结果与稳健性测试结果一致。

字合伙人相较于签字非合伙人、年轻的相较于年长的、执业年限较短的相较于执业年限较长的、本科或以上学历的相较于学历较低的签字审计师，其所审计公司的会计稳健性显著更高。由此可以推断，转制之后，个人特征不同的审计师所审计客户公司的会计稳健性之所以会出现显著差异，主要是由于事务所转制带来了法律风险的提高，而他们对风险的厌恶程度是不同的。此外，事务所组织形式向特殊普通合伙制的转变，重点是增加了审计报告签字合伙人的法律责任和潜在诉讼风险，当审计报告签字人为非合伙人时，发生审计失败的法律责任仍无法真正落实。上述分析排除了对回归结果的替代性解释，进一步佐证了本书的多元回归结果。

表 4 –11　替代性解释的回归结果

变量	基本模型回归结果		控制公司特征结果	
	$LLP = 0$	$LLP = 1$	$LLP = 0$	$LLP = 1$
$Partner \times R \times DR$	0.0182 (0.46)	0.0256* (1.74)	0.0321 (0.75)	0.0849** (1.97)
$Tenure \times R \times DR$	0.0364 (1.30)	0.0157* (1.91)	0.0452* (1.77)	0.0199*** (2.68)
$Age \times R \times DR$	0.0277 (0.98)	0.0106* (1.74)	0.0089 (0.35)	0.0714** (2.51)
$Gender \times R \times DR$	0.0040 (0.15)	0.0102 (0.31)	0.0030 (0.12)	0.0257 (0.79)
$Education \times R \times DR$	0.0038 (0.14)	0.0303 (0.91)	0.0012 (0.05)	0.0846*** (2.72)

注：限于篇幅，本表只报告了关键变量的回归结果。

<h2 align="center">第七节　本章小结</h2>

本章以事务所转制前后所审计同一批客户公司为研究样本，手

工搜集了客户公司审计报告签字注册审计师的合伙人身份、执业年限、年龄、性别、学历等个人信息，在现有文献研究事务所转制基本效应的基础上，进一步考虑当事务所转制带来法律风险增加时，个人特征不同的签字审计师所审计客户公司的会计稳健性变化。本章的实证结果发现，事务所转制对客户公司的会计稳健性存在显著影响，但个人特征不同的审计师，其所审计客户公司的会计稳健性提高程度存在显著差异。具体而言，本科或以上学历审计师所审计客户公司的会计稳健性提高更加明显，而执业年限较长、年龄较大的审计师，其所审计客户公司的会计稳健性提高相对较少。进一步分析发现，造成这一结果的原因是个人特征不同的审计师对风险的厌恶程度不同，面对事务所转制带来的法律责任增加，其审计行为存在差异。

会计师事务所转为特殊普通合伙制，重点是增加了签字合伙人的法律责任和潜在诉讼风险，当审计报告签字人为非合伙人时，发生审计失败的法律责任仍无法真正落实，因此本章还检验了签字注册审计师的身份是否为合伙人，对事务所转制的效果是否有影响。研究发现，事务所转为特殊普通合伙制后，签字注册审计师为合伙人时，其所审计客户公司的会计稳健性提高更多，这说明，事务所转制对签字合伙人与签字非合伙人的审计行为的影响存在显著差异，事务所转制对签字合伙人的影响更大。本章基于事务所转制的自然实验展开研究，这种动态环境的变化有利于更好地检验审计师个人特征对其所审计公司的会计稳健性的影响机制，本章的发现丰富了审计师个人层面对会计稳健性研究的相关文献，深化了事务所组织形式对审计质量影响机制的研究。

第五章 事务所转制、客户异质性与审计质量

——审计报告谨慎性视角

第一节 引言

与国外会计师事务所以合伙制为主不同，我国会计师事务所在1999年"脱钩改制"之后，大多采用有限责任组织形式。但近年来，伴随着我国证券市场与审计行业的飞速发展，有限责任制下的风险控制与担责机制逐渐成为制约我国注册会计师行业做大做强的瓶颈。为缓解这一冲突，财政部、国家工商行政管理总局于2010年7月联合下发了《暂行规定》，事务所向特殊普通合伙制的转型就此拉开帷幕。截至2013年底，全国40家具备证券资格的会计师事务所均已成功完成转型。

那么，事务所组织形式的变革究竟会产生何种影响？从特殊普通合伙制的内涵来看，转制给事务所（审计师）带来的最主要的冲击是审计师法律责任的变化。尽管已有文献研究了外部法律责任制度变化对审计质量的影响（Laux and Newman，2010），但事务所转制所带来的变革与外部法律制度变化不同，它只是调整了审计师的法律责任强度与事务所的内部担责机制，而外部法律规范并未发生

实质性变化。因此，研究事务所组织形式变革带来的影响，有别于一般分析法律责任与审计质量关系的文献，其意义更为重要。然而，目前仅有个别文献从静态视角研究了普通合伙制事务所和有限责任公司制事务所在发表非标准审计意见的概率或影响客户盈余管理程度方面的差异（Firth et al.，2012；原红旗和李海建，2003），而且也未取得一致结论。Lennox and Li（2012）通过动态研究英国的会计师事务所由普通合伙制转为有限责任合伙制发现，伴随法律责任的减轻，并没有证据表明事务所的市场份额缩小或审计费用降低。与英国审计市场事务所组织形式的变革不同，我国此次由政府干预推动的事务所组织形式的强制性变迁，是由低法律责任状态的有限责任制向高法律责任状态的特殊普通合伙组织形式的转变，这为进一步检验事务所转制带来的一系列政策效果提供了自然实验。

伴随着各大中型事务所的相继转制，国内部分学者比较了转制和未转制事务所审计质量的差异（聂曼曼等，2014；张俊生和张琳，2014；耿红娟，2014；陈丽红等，2015）。比如，Wang and Dou（2015）研究认为，会计师事务所转型为特殊普通合伙制后，其所审计客户公司的正向可操控应计额显著下降，且在转制后的第一年发布非标准审计意见的概率显著上升。刘行健和王开田（2014）则研究认为在转制政策出台的2010年，审计客户的正向盈余操控行为已有显著减少，而在转制前后两年，转制组和未转制组的客户正向盈余操控行为并不存在显著差异。另外，沈辉和肖小凤（2013）、李江涛等（2013）、周中胜（2014）、闫焕民等（2015）等研究了事务所转制对审计定价的影响；王春飞和陆正飞（2014）从审计保险的视角，分析了事务所改制与投资者保护的关系。可以发现，已有的关于此次事务所转制的研究大多集中于转制对审计意见、盈余管理、审计定价等的影响方面。

与国外事务所组织形式变革所处的审计市场环境不同，我国上市公司中国有上市公司占有较大比例，且其拥有政府的保护和支持，在应对财务困境时比其他非国有上市公司具有更大的优势（Wang et al.，2008），面临破产倒闭的风险也更低。因此，在我国特殊的审计市场背景下，尽管事务所转制使得审计师面临的法律责任和潜在诉讼风险普遍增加，但国有企业客户的审计风险可能低于非国有企业审计客户，这可能影响转制的效果。此外，审计师的法律责任和风险最终源于客户风险，事务所组织形式转为特殊普通合伙制后，给审计师带来的最大冲击就是法律责任的增加。为有效规避风险，审计师可能会更加重视客户的法律风险水平。

因此，本章选取事务所转制前两年和完成转制当年及后一年（以下简称"转制前后各两年"）所审计的同一批客户公司为研究样本，在研究事务所转制基本效应的基础上，进一步考虑审计客户公司的异质性，实证研究产权性质对事务所转制效应的影响，以及潜在诉讼风险不同的客户公司在事务所转制前后审计报告谨慎性的变化。本章可能的贡献主要体现在以下两个方面。一方面，本书在已有的关于事务所转制对审计质量影响的研究的基础上，进一步考虑客户公司的产权性质和法律风险，揭示了事务所转制的政策效果如何受被审计客户公司产权性质或客户潜在法律诉讼风险的影响。研究发现，事务所转制后审计报告的谨慎性显著提高，但这主要来源于十大会计师事务所提高了审计报告的谨慎性。国有产权性质弱化了事务所转制对审计质量的积极影响，相较于国有企业，非国有企业收到非标准审计意见的概率提高幅度更大、审计报告激进度降低的程度更大，事务所转制对非国有企业审计报告谨慎性的影响更大。本章的研究还发现，对于高法律风险客户，事务所转制带来的影响更加显著，表现为高法律风险客户转制后收到非标准审计意见的概率更高，审计报告激进度下降更多。另一方面，与过去文献将转制组与未转制组组成混合样本，比较部分完成转制的事务所与未转制事务所的审计质量不同,本书是在事务所全部完成转制后,从纵向研究事务所转制前后各两年同一批客户审计报告谨慎性的变化。这种纵列数据模型的研究方法较好地解决了事务所转制时的样本自选择问题,而且该方法也有别于 DID 模型,不要求样本的独立同分布(徐晋涛等,2004),为后续研究提供了新的思路。

第二节　理论分析与研究假设

一　理论分析

已有的文献研究大多表明审计师法律责任的增加会促进审计质量的提高(Dye,1993;Dye,1995;Schwartz,1997;Chan and Pae,1998;Hillegeist,1999;Liu and Wang,2006;Venkataraman et al.,2008;Laux and Newman,2010;Yu,2011),而此次由我国政府干预推动的事务所组织形式变迁,正是由低法律责任状态的有限责任公司制转为高法律责任状态的特殊普通合伙制,转制后,签字审计师的法律责任普遍增加。因此,正如大部分研究所指出的,此次事务所转制为特殊普通合伙制,对审计师的法律责任、审计行为、审计定价、投资者保护等都产生了深远影响,政策治理的预期效果已基本显现,监管部门推动的事务所转制提高了资本市场的整体审计质量(Wang and Dou,2015;刘启亮等,2015)。

从已有研究看,更多的文献认为法律责任的强化和法律风险的增加提高了审计师的风险意识,有利于降低审计期望差距(Moore and Scott,1989),而且投资者也认为强化法律责任可以提高审计质量(Shu,2000;Seetharaman et al.,2002;Blay,2005)。加大赔偿责任有助于提高审计质量,合伙人为避免或减少由审计失败而导致的法律责任和法律风险的增加,将提高执业谨慎性,实施更为严格的审计程序以规避自身风险，努力提高自身的业务水平以提高审计质量（Schwartz，1997；宋衍蘅和肖星，2012）。此外，对于非因故意或重大过失造成的合伙企业债务以及合伙企业的其他债务，全体合伙人都是责任承担的主体，承担无限连带责任。这种连带赔偿机制不仅迫使每一个合伙人谨慎执业，恪尽职守，而且会使每一个合伙人的行为受到其他合伙人的监督。由此自发形成的会计师事务所内部质量控制要求和内部监督体系将有助于事务所整体提高审计独立性。同时，特殊普通合伙制下的"合伙人担保制度"，有利于增强互信，提高审计师的执业谨慎性，进一步推动会计师事务所做大做强（蒋尧明，2012）。

二　研究假设

与国外不同，中国上市公司中有较大比例为国有企业，这种独特的上市公司产权性质，可能影响事务所的转制效应。当政府作为企业的最终控制人时，一方面，管理者作为政府利益的代表，会通过对审计师施加压力来掩盖其"利益侵占"的事实，从而影响审计质量（Shleifer and Vishny，1997）。与此同时，被政府控制的国有企业一般缺乏有效的市场竞争和激励机制，对高质量的审计服务需求不足，甚至产生审计意见购买行为（Chan et al.，2006），导致审计市场失灵（夏立军，2005）。一些文献直接发现了国有产权对审计质量的负面影响。比如，肖作平（2006）的研究结果表明，事务所对国有控股企业收取了更低的审计费用，国有企业的审计质量更低；于鹏（2007）也发现财务重述的发生概率与国有绝对控股显著正相关；Wang et al.（2008）、Lin and Liu（2009）、Guedhami et al.（2009）、王成方和刘慧龙（2014）等也研究认为，国有股的持股比例与审计质量显著相关，国有股比例越高，公司选择高质量审计师的意愿越低。

另一方面，政府作为国有企业的股东，会通过财政补贴、兼并、收购等手段帮助企业发展，特别是当国有企业陷入财务困境时，政府会通过一系列政策措施帮助企业化解危机，走出困境，这就使得在相同情况下，审计师在国有企业比在非国有企业面对的审计风险更低，审计失败率更低，出具非标准审计意见的概率也更低（吴联生和刘慧龙，2008）。由此看来，在政府的干预和保护下，事务所转制对国有企业的影响可能不如对非国有企业的影响大。

事务所转为特殊普通合伙制后，审计师的法律责任和风险提高，出于自我保护、降低法律诉讼风险的考虑，审计师会更加倾向于提高审计报告的谨慎性（Firth et al.，2012；Wang and Dou，2015；聂曼曼等，2014；刘启亮等，2015）。但由于国有企业与政府之间联系紧密，政府的财政补贴、政策导向和政治需求等"担保"作用都可能会削弱事务所转制对审计报告谨慎性的积极影响，而且国有股权比例越高，政府对企业的干预和保护力度越大，对转制给审计报告谨慎性的积极影响的抵消作用可能也越大。反过来，非国有企业的控股股东一般为民营企业或个人，其较难获得政府的补贴支持和政策倾斜，国有企业所具有的"担保"效应一旦消失，环境不确定性给其带来的经营失败可能性就会大大增加（申慧慧等，2010），因而，当遇到事务所转制带来法律风险增加的情况时，审计师可能对非国有企业的审计风险更加敏感，审计报告谨慎性更可能得到提高。基于此，本书提出如下研究假设。

假设5-1：事务所转制的政策效果受被审计客户公司产权性质的影响，国有产权性质会弱化事务所转制对审计报告谨慎性的积极影响。

不同组织形式下的事务所，审计师相应的法律责任和风险不同，在特殊普通合伙制下，审计师承担的风险和责任增加。从已有文献看，现有的研究对了解事务所组织形式与审计师的审计行为关系具有一定意义，但在研究二者关系时都未考虑客户公司的法律风险。事实上，会计师事务所从有限责任制转为特殊普通合伙制后，法律责任增加，而事务所的法律责任与客户公司的法律风险直接相关，被审计单位的法律风险会显著影响审计收费与审计质量（Choi et al.，2005）。因此，特殊普通合伙制下法律责任的增加能否激励审计师更加重视客户法律风险，从而提高审计师的谨慎性与风险意识，值得进一步深入研究。

事务所转制给审计师带来的最大冲击是法律责任的改变，而法律责任源于法律风险，归根结底源于客户风险。在公司经营过程中，法律风险是公司整体风险的风向标。上市公司法律风险的大小反映了公司治理水平以及管理层经营管理能力的高低，法律风险高的上市公司，其公司治理机制、财务运营模式等往往存在缺陷，经营不确定性甚至经营失败的可能性较大（冯延超和梁莱歆，2010）。然而，会计信息使用者往往将企业的经营失败等同于审计失败，因而客户公司较高的法律风险无疑会提高审计师遭遇诉讼及损失的概率（Shu，2000）。事务所转变为特殊普通合伙制后，法律责任和法律诉讼风险提高，为避免审计失败，降低诉讼风险，审计师会通过强化项目组人员配备、增加审计程序、加大项目质量控制复核力度等手段，将审计风险控制在适当的水平。特别的，对于法律风险高的客户公司，审计师可能会收取更高的审计费用，实施更加充分的审计程序，降低重要性水平，从而降低检查风险，规避审计失败所可能导致的法律责任（Seetharaman et al.，2002）。因此，审计师基于自我保护和降低风险的考虑，更倾向于对高风险客户出具非标准审计意见（Blay，2005），在转变为特殊普通合伙制之后，下调法律风险较高的客户公司审计报告的激进度的可能性也更大。基于上述分析，本书提出如下研究假设。

假设 5-2：事务所转为特殊普通合伙制，对高风险客户公司的影响更加显著，表现为高风险客户审计报告的谨慎性得到更大提高。

第三节 研究设计

一 模型构建与变量定义

为完成对事务所转制效应如何受被审计客户公司异质性影响的检验，本书借鉴 Firth et al.（2012）的建议，构建如下两个计量模型，分别检验事务所转制、产权性质与审计报告谨慎性的关系，以及事务所转制、客户潜在诉讼风险与审计报告谨慎性的关系，具体模型如下：

$$ARC = \beta_0 + \beta_1 LLP + \beta_2 SOE + \beta_3 LLP \times SOE + \beta_4 LNTA + \beta_5 ROE$$
$$+ \beta_6 LEV + \beta_7 LOSS + \beta_8 ARINT + \beta_9 CURRENT + \beta_{10} TURNOVER$$
$$+ \beta_{11} CASH + \beta_{12} BETA + \beta_{13} DELIST + \beta_{14} BL + \beta_{15} LAGOP + \varepsilon \quad (5-1)$$

$$ARC = \beta_0 + \beta_1 LLP + \beta_2 RISK + \beta_3 LLP \times RISK + \beta_4 LNTA + \beta_5 ROE$$
$$+ \beta_6 LEV + \beta_7 LOSS + \beta_8 ARINT + \beta_9 CURRENT + \beta_{10} TURNOVER$$
$$+ \beta_{11} CASH + \beta_{12} BETA + \beta_{13} DELIST + \beta_{14} BL + \beta_{15} LAGOP + \varepsilon \quad (5-2)$$

在模型（5-1）和模型（5-2）中，LLP 为事务所转制的虚拟变量，事务所转制为特殊普通合伙制等于1，否则等于0。在模型（5-1）中，SOE 为产权性质虚拟变量，如果被审计客户为非国有控股上市企业等于1，否则等于0。$LLP \times SOE$ 为事务所转制与产权性质的交互项，模型（5-1）中要检验的是该交互项的系数 β_3。在模型（5-2）中，$RISK$ 为公司法律风险的虚拟变量，借鉴宋衍蘅（2011）、张雪华和陈小林（2015）等的做法，将上市公司受到相关部门调查或处罚作为审计风险的替代变量，并考虑到如果公司上年违规，表明公司法律风险较高。一方面，公司迫于诉讼压力有较强的违规动机，而违规公司信誉一般较差，也更容易受到监管部门的关注，这些因素都会导致法律风险更高；另一方面，即使公司的法律风险较高，在其违规行为披露以前，审计师往往也不会较多考虑此风险。因此，本书将上市公司是否被公告违规作为法律风险的替代变量，公司被公告违规为1，否则为0。在模型（5-2）中，$LLP \times RISK$ 为事务所转制与客户潜在诉讼风险的交互项，要检验的是该交互项的系数 β_3。

以上两个模型中的被解释变量是 ARC，表示审计师的审计报告谨慎性，根据 Firth et al. (2012) 的建议，分别采用审计意见和审计报告激进度作为审计报告谨慎性的替代变量。

（一）审计意见

如果公司被出具非标准意见等于1，其他等于0。表5-1列示了样本研究期间审计客户公司收到的审计意见类型的基本情况。从表5-1可见，无论是在非国有上市企业还是国有上市企业样本中，事务所转制后，非标准审计意见的比重较转制前均有大幅上升。非国有企业增加了11份非标准审计意见，上升了21.57%，国有企业增加了7份非标准审计意见，上升了17.5%，非国有企业非标准审计意见上升的比例比国有企业高出4.07个百分点。当因变量为 OP 时，两个模型均采用 Probit 回归，如果事务所转制在更大程度上提高了非国有上市企业的审计客户收到非标准审计意见的概率，那么预期模型（5-1）中交互项 $LLP \times SOE$ 的系数 β_3 应该显著为正；同样，如果事务所转制在更大程度上增加了高风险客户收到非标准审计意见的概率，那么模型（5-2）中交互项 $LLP \times RISK$ 的系数 β_3 预期也应该显著为正。

表5-1　审计意见类型

单位：份，%

审计意见类型	标准无保留审计意见	无保留审计意见	非无保留审计意见	无法表示审计意见	非标准审计意见	合计
Panel A：$NATURE = 1$（非国有上市企业）						
转制前（$LLP = 0$）	1357 (96.38)	41 (2.91)	7 (0.50)	3 (0.21)	51 (3.62)	1408 (100)

续表

审计意见类型	标准无保留审计意见	无保留审计意见	非无保留审计意见	无法表示审计意见	非标准审计意见	合计
Panel A：*NATURE* = 1（非国有上市企业）						
转制后（*LLP* = 1）	1346 （95.60）	44 （3.12）	16 （1.14）	2 （0.14）	62 （4.40）	1408 （100）
合计	2703	85	23	5	113	2816
Panel B：*NATURE* = 0（国有上市企业）						
转制前（*LLP* = 0）	1284 （96.98）	36 （2.72）	3 （0.22）	1 （0.08）	40 （3.02）	1324 （100）
转制后（*LLP* = 1）	1277 （96.45）	41 （3.10）	5 （0.37）	1 （0.08）	47 （3.55）	1324 （100）
合计	2561	77	8	2	87	2648

（二）审计报告激进度

当将审计报告激进度（*ARAgg*）作为审计报告谨慎性的替代变量时，审计报告激进度的计算参考 Gul et al.（2013）、吴伟荣和刘亚伟（2015）等的方法。首先，建立以下审计意见预测模型来计算公司可能收到非标准审计意见的概率（Predicted Opinion）：

$$MAO = \alpha_0 + \alpha_1 QR + \alpha_2 AR + \alpha_3 OTHER + \alpha_4 INV + \alpha_5 ROA$$
$$+ \alpha_6 LOSS + \alpha_7 LEV + \alpha_8 LNTA + \alpha_9 AGE + \alpha_{10} IND + \mu \qquad (5-3)$$

在模型（5-3）中，*MAO* 为因变量，如果公司收到非标准审计意见则等于 1，否则等于 0。根据 DeFond et al.（1999）、Jiang et al.（2010）的建议，模型（5-3）中包含了可能影响公司收到非标准审计意见概率的变量：速动比率（*QR*），定义为现金、短期投资、应收票据、应收账款之和除以流动负债；应收账款期末余额除以总资产（*AR*）；其他应收款期末余额除以总资产（*OTHER*）；存货期末余额除以总资产（*INV*）；总资产收益率（*ROA*）；公司是否亏损的虚拟变量（*LOSS*），净利润为负时取值为 1，否则为 0；资产负债率（*LEV*）；公司资产总额的自然对数（*LNTA*）；公司的上市年限（*AGE*）；参照证监会公布的行业分类标准设置的行业虚拟变量（*IND*）。

然后，根据以下模型计算审计报告激进度：

$$ARAgg = Predicted\ Opinion - Actual\ Opinion \tag{5-4}$$

在模型（5-4）中，*Actual Opinion* 为公司实际收到审计意见的概率，当收到非标准审计意见时取值为 1，否则为 0。*ARAgg* 即为根据模型（5-3）计算出的公司收到非标准审计意见的概率与实际收到审计意见的概率之差。*ARAgg* 代表了审计师审计行为的激进性，该值越大，审计报告激进度越高，审计质量越差。将 *ARAgg* 作为 *ARC* 的替代变量，分别代入模型（5-1）和模型（5-2），建立 OLS 模型，此时模型（5-1）中待检验系数 β_3 反映了事务所转制对非国有上市企业审计报告激进度的净效应，如果事务所转制在更大程度上降低了审计师对非国有上市企业的审计报告激进度，那么 β_3 应该显著为负；模型（5-2）中待检验系数 β_3 反映了事务所转制对高风险客户审计报告激进度的净效应，如果事务所转制在更大程度上降低了审计师对高风险客户公司的审计报告激进度，那么预期 β_3 也应显著为负。

（三）控制变量

参考 Firth et al.（2012）的做法，模型（5-1）和模型（5-2）同时加入了以下反映公司特征的控制变量。首先，用公司资产总额的自然对数（*LNTA*）衡量审计客户规模，*LNTA* 越小越有可能收到非标准审计意见（Dopuch et al.，1987；DeFond et al.，1999）。一般而言，获利能力和资产流动水平越低，资产负债率越高，客户公司越容易被出具非标准审计意见。因此，本书控制了反映客户公司盈利能力的总资产收益率（*ROE*）、财务杠杆（*LEV*）和流动比率（*CUR-RENT*）这三个指标（*Dopuch et al.*，1987；DeFond et al.，1999；Lim and Tan，2008）。其次，根据 DeFond et al.（1999），公司业务复杂程度与收到非标准审计意见的概率显著相关。鉴于此，模型中采用应收账款与存货之和除以总资产的值（*ARINT*）来度量客户公司的业务复杂性。再次，我国规定上市公司进行再融资或避免被退市均需具备一定的盈利阈值或亏损下限，这很可能会加剧客户公司的盈余操控行为，进而提高其收到非标准审计意见的概率（Chen et al.，2001；Chan et al.，2006）。因此，本章引入两个虚拟变量 *DELIST* 和 *LOSS*，以及线下项目与公司净利润的比值（*BL*）来控制我国证券市场的这一特殊规定可能对审计师出具审计意见带来的影响。此外，有文献研究指出审计意见类型具有高度连续性（Dopuch et al.，1987；Lennox，1999；Lennox，2000），因此，在模型中引入 *LAGOP* 作为虚拟变量以控制公司上年度审计意见对审计师出具本年度审计意见的影响。最后，本书还控制了反映公司运营能力的总资产周转率（*TURNOVER*）、现金持有率（*CASH*）及反映公司系统性风险的贝塔系数（*BETA*）这三个变量。模型（5 - 1）和模型（5 - 2）中所有变量的符号及具体定义见表 5 - 2。

表 5 - 2　变量定义

因变量	定义
ARC	审计师的审计报告谨慎性，分别用 *OP* 与 *ARAgg* 作为其替代变量
OP	事务所对审计客户出具非标准审计意见取值为 1，否则为 0
ARAgg	参考 Gul et al.（2013）计算的审计报告激进度
自变量	定义
LLP	事务所转制为特殊普通合伙制取值为 1，否则为 0
SOE	产权性质变量，非国有上市企业取值为 1，否则为 0

续表

自变量	定义
RISK	客户潜在诉讼风险的虚拟变量，公司被公告违规取值为 1，否则为 0
LNTA	公司资产总额的自然对数
ROE	净资产收益率
LEV	公司负债总额与资产总额的比值
LOSS	公司净利润连续两年为负取值 1，否则为 0
ARINT	公司应收账款与存货合计额再除以总资产
CURRENT	公司流动资产与流动负债的比值
TURNOVER	公司销售总额与资产总额的比值
CASH	公司现金与现金等价物除以资产总额
BETA	反映公司系统性风险的贝塔系数
DELIST	公司净资产收益率处于（0.00，0.01）之间取值为 1，否则为 0
BL	线下项目与公司净利润的比值
LAGOP	公司上一年度收到的审计意见类型，非标准审计意见取值为 1，否则为 0

二　样本选取与数据来源

自 2010 年 7 月《暂行规定》发布至 2013 年 12 月 31 日，全国具有证券资格会计师事务所均已完成向特殊普通合伙的转制。为便于研究事务所转制的长期效应，本章选取已经全部完成转制的 48 家事务所在转制前后两年所审计的同一批客户公司作为初始样本①，并剔除金融保险类公司、转制前后所聘事务所有变动的公司、转制前后产权性质有变化的公司，最终得到样本研究期间事务所审计客户公司样本的构成情况，如表 5 - 3 所示。

---

① 广东大华德律和五洲松德联合事务所在转制之前为普通合伙制，与本书的研究内容不符，故予以剔除。

从表 5 - 3 中 Panel A 可见，2010 ~ 2013 年 48 家具有证券资格的事务所陆续完成了向特殊普通合伙制的转型。本书以事务所在转制前后各两年所审计的同一批客户公司为条件筛选样本，2010 年有 3 家事务所完成转制，那么，满足条件①的转制当年（2010 年）所审计客户公司为 185 家，转制后一年（2011 年）所审计客户公司也为 185 家，对应的，这 3 家完成转制的事务所在转制的前两年（2008 年和 2009 年）所审计客户公司也各为 185 家。2011 年有 10 家事务所完成转制，满足条件的转制当年（2011 年）所审计客户公司为 385 家，转制后一年（2012 年）所审计客户公司也为 385 家，相应的，这 10 家完成转制的事务所在转制的前两年（2009 年和 2010 年）所审计客户公司也各为 385 家。以此类推，可获得在事务所转制前后各两年所审计的同一批客户公司样本共计 1366 个，则连续被同一家事务所审计 4 年的公司样本观测值共计 5464 个。表 5 - 3 中 Panel B 列示了样本研究期间客户公司的个体特征，从中可以看出，国有上市企业在总样本中所占比例逐年下降，样本总量中非国有上市企业超过一半，被公告违规的公司样本数为 516 个，占总样本公司的 9.44%（516/5464）。本书所使用相关数据均来自国泰安 CSMAR 数据库，部分数据手工搜集并计算获得，为消除极端值可能对研究结果造成的影响，对所有非自然对数连续变量在 1% 和 99% 水平上进行了 Winsorize 处理。

表 5 - 3 样本构成基本情况

单位：家

项目	2008 年	2009 年	2010 年	2011 年	2012 年	2013 年	2014 年	总计
Panel A：事务所转制基本情况								
当年完成转制的事务所数量	—	—	3	10	9	26	—	48

---

① 剔除事务所转制前后各两年所审计客户非同一公司的样本。

续表

项目	2008 年	2009 年	2010 年	2011 年	2012 年	2013 年	2014 年	总计
Panel A：事务所转制基本情况								
其中：转制前两年所审计客户公司数量（$LLP=0$）	185	570	657	796	524	0	0	2732
转制后两年所审计客户公司数量（$LLP=1$）	0	0	185	570	657	796	524	2732
合计	185	570	842	1366	1181	796	524	5464
Panel B：客户公司构成基本情况								
产权性质								
其中　非国有企业（$SOE=1$）	61	248	373	704	643	456	331	2816
其中　国有企业（$SOE=0$）	124	322	469	662	538	340	193	2648
客户风险								
其中　高风险客户（$RISK=1$）	9	30	40	95	152	114	76	516
其中　低风险客户（$RISK=0$）	176	540	802	1271	1029	682	448	4948
合计	185	570	842	1366	1181	796	524	5464

第四节　实证结果与分析

一　描述性统计与单变量分析

（一）描述性统计

从表 5 - 4 可知，1366 个样本公司在转制前后各两年共计连续 4 年的被审计期间，共产生 5464 个样本观测值。其中，全样本中非标准审计意见约占 3.7%，审计报告激进度均值为 0.003，最大值为 0.920，最小值为 -0.999，标准差为 0.167，说明审计师对不同客户的审计报告谨慎性行为表现出了较大的差异。全样本中非国有上市企业的比重为 51.5%，超过了总样本公司的一半。在 5464 个观测样本中，被公告违规的公司占 9.4%。样本中净资产收益率和资产负债率的均值分别为 7.7% 和 47.5%，连续两年亏损的公司样本占比仅为 1.9%，微利公司（ROE 为 0 ~ 0.01）样本比例为 4.2%。全样本公司的平均流动比率和平均资产周转率分别为 2.245 和 0.686，平均系统性风险 BETA 为 1.072，线下项目与净利润的比值 BL 的样本均值为 0.777，方差为 2.210，最大值和最小值分别为 14.717 和 -1.841，说明被审计公司普遍存在利用线下项目进行盈余操控的行为，且盈余操控的幅度在不同公司间的差异较大。

表 5 - 4　描述性统计

变量	数量	均值	标准差	最小值	P25	中位数	P75	最大值
OP	5464	0.037	0.188	0.000	0.000	0.000	0.000	1.000
ARAgg	4972	0.003	0.167	-0.999	0.005	0.012	0.025	0.920
LLP	5464	0.500	0.500	0.000	0.000	0.500	1.000	1.000
SOE	5464	0.515	0.500	0.000	0.000	1.000	1.000	1.000
RISK	5464	0.094	0.292	0.000	0.000	0.000	0.000	1.000
LNTA	5464	21.921	1.322	19.081	20.979	21.752	22.685	26.166
ROE	5464	0.077	0.135	-0.685	0.033	0.080	0.135	0.418
LEV	5464	0.475	0.220	0.051	0.307	0.485	0.637	1.017
LOSS	5464	0.019	0.138	0.000	0.000	0.000	0.000	1.000
ARINT	5464	0.274	0.183	0.001	0.134	0.247	0.382	0.797
CURRENT	5464	2.245	2.577	0.219	1.017	1.467	2.268	17.141
TURNOVER	5464	0.686	0.491	0.048	0.361	0.577	0.854	2.846

续表

变量	数量	均值	标准差	最小值	P25	中位数	P75	最大值
CASH	5464	0.177	0.143	0.005	0.078	0.140	0.222	0.726
BETA	5464	1.072	0.234	0.481	0.942	1.044	1.208	1.686
DELIST	5464	0.042	0.200	0.000	0.000	0.000	0.000	1.000
BL	5464	0.777	2.210	-1.841	0.036	0.166	0.564	14.717
LAGOP	5464	0.056	0.230	0.000	0.000	0.000	0.000	1.000

（二）单变量分析

表 5 - 5 中 Panel A 列示了全样本下审计意见和审计报告激进度在事务所转制前和转制后的均值和中位数，以及相应的检验结果。从中可以看出，事务所转制后审计报告激进度显著下降（均值检验5% 水平、中位数检验 1% 水平），出具非标准审计意见的概率也有所提高。Panel A 还列示了剔除四大会计师事务所审计的客户样本后单变量检验的结果，均值和中位数检验结果均显示转制后审计报告激进度显著降低，与全样本下检验结果一致。此外，从表 5 - 5 中Panel B 列示的中位数检验结果看，转制前非国有上市企业审计报告激进度显著高出国有上市企业 0.002 （0.014 - 0.012），而转制后只显著高出 0.001 （0.011 - 0.010）；国有上市公司转制后审计报告激进度比转制前低 0.002 （0.010 - 0.012），而非国有上市公司转制后审计报告激进度比转制前低 0.003 （0.011 - 0.014）。这说明，与国有上市企业相比，非国有上市企业在转制后审计报告激进度的下降更明显，转制对非国有上市企业审计报告激进度的影响更大。单变量分析结果显示，事务所转制对不同产权性质客户审计报告谨慎性的影响程度存在差异。

表5-5中 Panel C 列示的均值检验结果显示，低风险客户公司转制后收到非标准审计意见的概率比转制前高 0.004（0.035 - 0.031），而高风险客户公司转制后收到非标准审计意见的概率比转制前高 0.015（0.078 - 0.063）；低风险客户公司转制后审计报告激进度比转制前低 0.008（0.000 - 0.008），而高风险客户公司转制后审计报告激进度比转制前低 0.024（- 0.023 - 0.001）。这说明，与低风险客户公司相比，转制后高风险客户公司收到非标准审计意见的概率提高更多，审计报告激进度的下降程度更大。单变量分析结果显示，事务所转制对高风险客户公司审计报告谨慎性的影响更大。

表 5 - 5　单变量分析

	Panel A					
	全样本			非四大会计师事务所样本		
变量	$LLP=0$ 均值（中位数）	$LLP=1$ 均值（中位数）	T test（Z test）	$LLP=0$ 均值（中位数）	$LLP=1$ 均值（中位数）	T test（Z test）
OP	0.033 (0.000)	0.040 (0.000)	- 1.297 (- 1.297)	0.035 (0.000)	0.042 (0.000)	- 1.241 (- 1.241)
$ARAgg$	0.008 (0.013)	- 0.002 (0.011)	2.059 ** (4.016 ***)	0.008 (0.014)	- 0.002 (0.011)	2.041 ** (4.282 ***)

	Panel B					
	转制前（$LLP=0$）			转制后（$LLP=1$）		
变量	$SOE=0$ 均值（中位数）	$SOE=1$ 均值（中位数）	T test（Z test）	$SOE=0$ 均值（中位数）	$SOE=1$ 均值（中位数）	T test（Z test）
OP	0.030 (0.000)	0.036 (0.000)	- 0.875 (- 0.875)	0.035 (0.000)	0.044 (0.000)	- 1.139 (- 1.139)
$ARAgg$	0.006 (0.012)	0.009 (0.014)	- 0.357 (- 3.252 ***)	- 0.001 (0.010)	- 0.003 (0.011)	0.382 (- 2.897 ***)

续表

<table>
<tr><td colspan="7" align="center">Panel C</td></tr>
<tr><td rowspan="3">变量</td><td colspan="3" align="center">转制前（LLP = 0）</td><td colspan="3" align="center">转制后（LLP = 1）</td></tr>
<tr><td align="center">RISK = 0
均值</td><td align="center">RISK = 1
均值</td><td align="center" rowspan="2">T test
（Z test）</td><td align="center">RISK = 0
均值</td><td align="center">RISK = 1
均值</td><td align="center" rowspan="2">T test
（Z test）</td></tr>
<tr><td align="center">（中位数）</td><td align="center">（中位数）</td><td align="center">（中位数）</td><td align="center">（中位数）</td></tr>
<tr><td>OP</td><td>0.031
(0.000)</td><td>0.063
(0.000)</td><td>− 2.481 **
（− 2.478 **）</td><td>0.035
(0.000)</td><td>0.078
(0.000)</td><td>− 3.610 ***
（− 3.602 ***）</td></tr>
<tr><td>ARAgg</td><td>0.008
(0.013)</td><td>0.001
(0.016)</td><td>0.623
（− 2.486 **）</td><td>0.000
(0.011)</td><td>− 0.023
(0.014)</td><td>2.068 **
（− 2.001 **）</td></tr>
</table>

注：*** 、** 、* 分别表示在 1%、5%、10% 的显著性水平上显著。

二　多元回归分析

表 5-6 显示了客户产权性质对事务所转制与审计意见关系的影响。表中第（1）列为不考虑客户产权性质时，事务所转制的基本效应回归结果，从中可见，LLP 的系数在 1% 的水平上显著为正，说明事务所转制显著提高了审计师出具非标准审计意见的概率，转制提高了审计师的谨慎性和审计质量，与本书第 3 章的研究结论一致。第（2）列为不考虑转制事件而只加入表示公司产权性质的变量时模型（5-1）的回归结果，此时 SOE 的系数为负但不显著，同时加入转制事件和产权性质变量时的回归结果如第（3）列所示，此时 SOE 的系数仍为负但不显著，说明客户产权性质与收到的审计意见类型之间不存在显著相关关系。在加入 LLP 和 SOE 的交互项 LLP × SOE 时，模型（5-1）的回归结果如第（4）列所示，从中可见，交互项 LLP × SOE 的系数为 0.5309，且在 1% 的水平上显著，这说明，与国有上市企业相比，非国有上市企业在事务所转制后收到非标准审计意见的概率提高得更多。

表 5-7 显示了客户产权性质对事务所转制与审计报告激进度关

系的影响。表中第（1）列为不考虑客户产权性质时，事务所转制的基本效应回归结果，从中可见，*LLP* 的系数在 1% 的水平上显著为负，说明事务所转制显著降低了审计报告的激进度，转制提高了审计师的谨慎性和审计质量，与本书第 3 章的研究结论一致。第（2）列为不考虑转制事件而只加入表示公司产权性质的变量时模型（5-1）的回归结果，此时 *SOE* 的系数为正，但不显著，同时加入转制事件和产权性质变量时的回归结果如第（3）列所示，此时 *SOE* 的系数仍为正，但不显著，说明客户产权性质与审计报告激进度之间不存在显著相关关系。在加入 *LLP* 和 *SOE* 的交互项 *LLP* × *SOE* 时，模型（5-1）的回归结果如第（4）列所示，从中可见，交互项 *LLP* × *SOE* 的系数为 −0.0252，且在 1% 的水平上显著，这说明，与国有上市企业相比，非国有上市企业在事务所转制后审计报告激进度的降低程度更大。

表 5-6 和表 5-7 的回归结果一致表明，事务所转制对非国有上市企业审计报告谨慎性的影响更大。这意味着，产权性质对事务所转制的政策效果具有显著影响，国有产权弱化了事务所转制对审计报告谨慎性的积极影响。

表 5-6　客户产权性质对事务所转制与审计意见关系的影响

变量	（1）	（2）	（3）	（4）
LLP	0.3373 *** （3.65）	—	0.3388 *** （3.70）	0.0679 （0.54）
SOE	—	− 0.0056 （− 0.05）	− 0.0273 （− 0.25）	− 0.3317 ** （− 2.03）
LLP × *SOE*	—	—	—	0.5309 *** （2.78）
LNTA	− 0.2486 *** （− 5.46）	− 0.2298 *** （− 4.80）	− 0.2513 *** （− 5.35）	− 0.2501 *** （− 5.36）

续表

变量	（1）	（2）	（3）	（4）
ROE	－ 1.0375 ***	－ 1.0910 ***	－ 1.0345 ***	－ 1.0050 ***
	（ － 3.78 ）	（ － 4.03 ）	（ － 3.78 ）	（ － 3.65 ）
LEV	1.1225 ***	1.1015 ***	1.1180 ***	1.1583 ***
	（ 3.89 ）	（ 3.73 ）	（ 3.86 ）	（ 4.00 ）
LOSS	0.7028 ***	0.7040 ***	0.6989 ***	0.7072 ***
	（ 3.83 ）	（ 3.97 ）	（ 3.81 ）	（ 3.87 ）
ARINT	－ 0.8515 ***	－ 0.8484 ***	－ 0.8432 ***	－ 0.8793 ***
	（ － 2.70 ）	（ － 2.67 ）	（ － 2.67 ）	（ － 2.79 ）
CURRENT	－ 0.0112	－ 0.0132	－ 0.0108	－ 0.0071
	（ － 0.45 ）	（ － 0.53 ）	（ － 0.44 ）	（ － 0.29 ）
TURNOVER	－ 0.1853	－ 0.1845	－ 0.1883	－ 0.1941
	（ － 1.37 ）	（ － 1.40 ）	（ － 1.43 ）	（ － 1.50 ）
CASH	－ 0.3864	－ 0.4453	－ 0.3836	－ 0.3525
	（ － 0.90 ）	（ － 1.05 ）	（ － 0.89 ）	（ － 0.83 ）
BETA	－ 0.0781	－ 0.1345	－ 0.0806	－ 0.0498
	（ － 0.35 ）	（ － 0.59 ）	（ － 0.37 ）	（ － 0.23 ）
DELIST	0.0606	0.0909	0.0631	0.0527
	（ 0.29 ）	（ 0.43 ）	（ 0.31 ）	（ 0.26 ）
BL	0.0677 ***	0.0688 ***	0.0671 ***	0.0674 ***
	（ 3.21 ）	（ 3.35 ）	（ 3.21 ）	（ 3.24 ）
LAGOP	1.7910 ***	1.7321 ***	1.7935 ***	1.8547 ***
	（ 15.73 ）	（ 15.23 ）	（ 15.55 ）	（ 15.30 ）
INTERCEPT	2.8594 ***	2.7311 ***	2.9350 ***	2.9897 ***
	（ 2.95 ）	（ 2.65 ）	（ 2.88 ）	（ 2.96 ）
N	5464	5464	5464	5464
Pseudo R^2	0.4798	0.4721	0.4798	0.4846
Wald chi^2	555.42	558.72	560.89	555.04

注：***、**、*分别表示在1%、5%、10%的显著性水平上显著，所有回归结果是处理异方差和序列相关误差后的结果，本章后续表格报告的结果与此相同。

表5－7 客户产权性质对事务所转制与审计报告激进度
关系的影响

变量	（1）	（2）	（3）	（4）
LLP	－ 0. 0132 *** （ － 3. 14 ）	—	－ 0. 0134 *** （ － 3. 18 ）	－ 0. 0001 （ － 0. 01 ）
SOE	—	0. 0027 （0. 46）	0. 0034 （0. 57）	0. 0161 ** （2. 17）
LLP × SOE	—	—	—	－ 0. 0252 *** （ － 2. 99 ）
LNTA	－ 0. 0213 *** （ － 6. 55 ）	－ 0. 0217 *** （ － 6. 74 ）	－ 0. 0209 *** （ － 6. 44 ）	－ 0. 0210 *** （ － 6. 47 ）
ROE	0. 0194 （0. 53）	0. 0249 （0. 68）	0. 0188 （0. 52）	0. 0180 （0. 50）
LEV	0. 1367 *** （4. 69）	0. 1406 *** （4. 84）	0. 1374 *** （4. 69）	0. 1364 *** （4. 66）
LOSS	－ 0. 0288 （ － 0. 72 ）	－ 0. 0289 （ － 0. 72 ）	－ 0. 0284 （ － 0. 71 ）	－ 0. 0284 （ － 0. 71 ）
ARINT	－ 0. 0547 *** （ － 2. 93 ）	－ 0. 0570 *** （ － 3. 04 ）	－ 0. 0557 *** （ － 2. 95 ）	－ 0. 0558 *** （ － 2. 96 ）
CURRENT	0. 0035 ** （2. 32）	0. 0035 ** （2. 32）	0. 0034 ** （2. 26）	0. 0033 ** （2. 19）
TURNOVER	0. 0038 （0. 57）	0. 0041 （0. 62）	0. 0040 （0. 61）	0. 0040 （0. 60）
CASH	0. 0213 （0. 76）	0. 0249 （0. 90）	0. 0213 （0. 76）	0. 0191 （0. 69）
BETA	－ 0. 0105 （ － 0. 86 ）	－ 0. 0086 （ － 0. 71 ）	－ 0. 0101 （ － 0. 83 ）	－ 0. 0108 （ － 0. 89 ）
DELIST	0. 0170 （1. 01）	0. 0165 （0. 98）	0. 0169 （1. 01）	0. 0175 （1. 04）
BL	－ 0. 0127 *** （ － 3. 82 ）	－ 0. 0128 *** （ － 3. 86 ）	－ 0. 0126 *** （ － 3. 82 ）	－ 0. 0127 *** （ － 3. 85 ）

续表

变量	（1）	（2）	（3）	（4）
LAGOP	− 0.2830 ***	− 0.2816 ***	− 0.2833 ***	− 0.2855 ***
	（− 9.52）	（− 9.40）	（− 9.50）	（− 9.57）
INTERCEPT	0.4435 ***	0.4404 ***	0.4337 ***	0.4303 ***
	（6.15）	（6.11）	（6.01）	（5.95）
N	4972	4972	4972	4972
R^2	0.1600	0.1586	0.1601	0.1615
F	12.37	11.79	11.68	11.32

表 5 − 8 客户潜在诉讼风险对事务所转制与审计意见
关系的影响

变量	（1）	（2）	（3）	（4）
LLP	0.3373 ***	—	0.3226 ***	0.2624 ***
	（3.65）		（3.53）	（2.74）
RISK	—	0.2842 **	0.2488 *	0.0361
		（2.01）	（1.78）	（0.15）
LLP × RISK	—	—	—	0.5948 **
				（2.03）
LNTA	− 0.2486 ***	− 0.2301 ***	− 0.2490 ***	− 0.2528 ***
	（− 5.46）	（− 4.99）	（− 5.46）	（− 5.55）
ROE	− 1.0375 ***	− 1.0469 ***	− 1.0007 ***	− 1.0330 ***
	（− 3.78）	（− 3.81）	（− 3.60）	（− 3.80）
LEV	1.1225 ***	1.1088 ***	1.1256 ***	1.1068 ***
	（3.89）	（3.80）	（3.92）	（3.83）
LOSS	0.7028 ***	0.7213 ***	0.7175 ***	0.7082 ***
	（3.83）	（3.98）	（3.84）	（3.81）
ARINT	− 0.8515 ***	− 0.8714 ***	− 0.8714 ***	− 0.8876 ***
	（− 2.70）	（− 2.76）	（− 2.78）	（− 2.81）
CURRENT	− 0.0112	− 0.0137	− 0.0116	− 0.0123
	（− 0.45）	（− 0.55）	（− 0.47）	（− 0.49）

续表

变量	（1）	（2）	（3）	（4）
TURNOVER	−0.1853 （−1.37）	−0.1821 （−1.36）	−0.1835 （−1.37）	−0.1855 （−1.35）
CASH	−0.3864 （−0.90）	−0.3936 （−0.93）	−0.3472 （−0.81）	−0.3652 （−0.86）
BETA	−0.0781 （−0.35）	−0.1022 （−0.46）	−0.0502 （−0.23）	−0.0390 （−0.18）
DELIST	0.0606 （0.29）	0.0761 （0.36）	0.0515 （0.25）	0.0431 （0.21）
BL	0.0677*** （3.21）	0.0678*** （3.23）	0.0665*** （3.12）	0.0695*** （3.26）
LAGOP	1.7910*** （15.73）	1.7301*** （15.35）	1.7860*** （15.58）	1.7909*** （15.50）
INTERCEPT	2.8594*** （2.95）	2.6504*** （2.69）	2.8067*** （2.88）	2.9250*** （3.00）
N	5464	5464	5464	5464
Pseudo R^2	0.4798	0.4752	0.4821	0.4836
Wald chi^2	555.42	519.81	527.51	522.48

表 5−9　客户潜在诉讼风险对事务所转制与审计报告激进度
关系的影响

变量	（1）	（2）	（3）	（4）
LLP	−0.0132*** （−3.14）	—	−0.0128*** （−3.09）	−0.0111*** （−2.69）
RISK	—	−0.0202* （−1.80）	−0.0124** （−1.98）	−0.0154 （−1.10）
LLP × RISK	—	—	—	−0.0454** （−2.16）
LNTA	−0.0213*** （−6.55）	−0.0222*** （−6.89）	−0.0215*** （−6.62）	−0.0215*** （−6.61）

续表

变量	（1）	（2）	（3）	（4）
ROE	0.0194 (0.53)	0.0238 (0.66)	0.0182 (0.50)	0.0183 (0.51)
LEV	0.1367*** (4.69)	0.1403*** (4.86)	0.1370*** (4.70)	0.1373*** (4.71)
LOSS	−0.0288 (−0.72)	−0.0294 (−0.73)	−0.0290 (−0.72)	−0.0285 (−0.71)
ARINT	−0.0547*** (−2.93)	−0.0562*** (−3.04)	−0.0547*** (−2.94)	−0.0545*** (−2.93)
CURRENT	0.0035** (2.32)	0.0036** (2.40)	0.0035** (2.36)	0.0035** (2.32)
TURNOVER	0.0038 (0.57)	0.0039 (0.58)	0.0038 (0.56)	0.0038 (0.57)
CASH	0.0213 (0.76)	0.0233 (0.84)	0.0200 (0.72)	0.0209 (0.75)
BETA	−0.0105 (−0.86)	−0.0098 (−0.81)	−0.0112 (−0.93)	−0.0117 (−0.96)
DELIST	0.0170 (1.01)	0.0165 (0.98)	0.0169 (1.01)	0.0171 (1.02)
BL	−0.0127*** (−3.82)	−0.0127*** (−3.79)	−0.0126*** (−3.76)	−0.0126*** (−3.78)
LAGOP	−0.2830*** (−9.52)	−0.2813*** (−9.42)	−0.2829*** (−9.51)	−0.2829*** (−9.50)
INTERCEPT	0.4435*** (6.15)	0.4548*** (6.33)	0.4496*** (6.25)	0.4482*** (6.24)
N	4792	4792	4792	4792
R^2	0.1600	0.1591	0.1605	0.1608
F	12.3701	11.5868	11.4939	10.7181

表5−8报告了客户潜在诉讼风险对事务所转制与审计意见关系

的影响。表中第（1）列为不考虑客户风险时，事务所转制的基本效应回归结果，从中可见，LLP 的系数在 1% 的水平上显著为正，说明事务所转制显著提高了审计师出具非标准审计意见的概率，转制提高了审计师的谨慎性和审计质量，与本书第 3 章的研究结论一致。第（2）列为不考虑转制事件而只加入客户风险变量时模型（5 - 2）的回归结果，此时 RISK 的系数在 5% 的水平上显著为正，同时加入转制事件和客户风险变量时的回归结果如第（3）列所示，此时 RISK 的系数仍显著为正，说明客户潜在诉讼风险与收到非标准审计意见显著正相关，即高风险客户公司收到非标准审计意见的概率显著更高。在加入 LLP 和 RISK 的交互项 LLP × RISK 后，模型（5 - 2）的回归结果如第（4）列所示，从中可见，交互项 LLP × RISK 的系数为 0.5948，且在 5% 的水平上显著，这说明，与低风险或者说优质客户公司相比，高风险客户在事务所转制后收到非标准审计意见的概率提高得更多。

表 5 - 9 报告了客户潜在诉讼风险对事务所转制与审计报告激进度关系的影响。表中第（1）列为不考虑客户风险时，事务所转制的基本效应回归结果，从中可见 LLP 的系数在 1% 的水平上显著为负，说明事务所转制显著降低了审计师的审计报告激进度，转制提高了审计师的谨慎性和审计质量，与本书第 3 章的研究结论一致。第（2）列为不考虑转制事件而只加入客户风险变量时模型（5 - 2）的回归结果，此时 RISK 的系数在 10% 的水平上显著为负。同时加入转制事件和客户风险变量时的回归结果如第（3）列所示，此时 RISK 的系数仍显著为负，说明客户潜在诉讼风险与审计师的审计报告激进度之间显著负相关，即审计师针对高风险客户公司的审计报告激进度显著更低。在加入 LLP 和 RISK 的交互项 LLP × RISK 时，模型（5 - 2）的回归结果如第（4）列所示，从中可见，交互项 LLP × RISK 的系数为 - 0.0454，且在 5% 的水平上显著，这说明，与低风险或者说优质客户公司相比，高风险客户在事务所转制后审计师的审计报告激

进度降低程度更大。

表 5 - 8 和表 5 - 9 的回归结果一致表明，事务所转为特殊普通合伙制，给高风险客户公司带来的影响更加显著，表现为针对高风险客户的审计报告谨慎性得到更大提高。这意味着，客户潜在诉讼风险对事务所转制的政策效果具有显著影响，审计师针对高风险客户的谨慎性和风险意识得到了更大程度的提高。

第五节　进一步分析与稳健性检验

一　进一步分析

（一）不同规模事务所转制对审计报告谨慎性的影响

DeAngelo（1981）对事务所的规模效应进行了研究，发现大型会计师事务所通常具有更高的审计独立性和审计质量。一般来说，大型事务所风险意识更强，当审计失败面临诉讼时，大型事务所的声誉损失和经济损失更大，面对特殊普通合伙制下潜在诉讼风险的增加，其审计行为可能更加谨慎。而从此次转制的进程看，基本上也是大型事务所先完成了转制，然后为中小型事务所，那么，一个自然的问题就是，不同规模事务所转制的效应是否存在显著差异？因此，我们进一步比较了大型事务所（十大会计师事务所①）和中小型事务所（非十人会计师事务所）转制对审计报告谨慎性的影响。表 5 - 10 显示了不同规模事务所转制对审计报告谨慎性的影响结果，从表 5 - 10 中第（1）列和第（3）列可见，当事务所为十大会计师事务所时，*LLP* 的系数在 1% 的水平上显著，说明十大会计师事务所

转制后出具非标准审计意见的概率显著提高，审计报告激进度显著降低，大型事务所转制后的审计报告谨慎性显著提高。而从第（2）列和第（4）列报告的结果来看，当事务所为非十大会计师事务所时，LLP 的系数都不显著，且 Chow 检验结果表明其系数之间的差异是显著的。这说明，事务所的转制效应主要体现在十大会计师事务所，而对中小型事务所，转制的政策效果并不明显。

（二）分组检验客户异质性对事务所转制与审计报告谨慎性关系的影响

为了更加清晰地说明不同产权性质、不同客户风险下事务所转制对审计报告谨慎性影响的结果，本书进一步分别检验了客户产权性质、客户潜在诉讼风险对事务所转制与审计报告谨慎性关系的影响。

表 5-11 显示了分组检验客户产权性质对事务所转制与审计报告谨慎性关系影响的回归结果。从表中可见，当被解释变量为审计意见（OP）时，LLP 的系数在非国有上市企业组（$SOE=1$）中为 0.5250（在 1% 水平上显著），在国有上市企业组（$SOE=0$）中为 0.0833（不显著）。当被解释变量为审计报告激进度（$ARAgg$）时，LLP 的系数在非国有上市企业组（$SOE=1$）中为 -0.0186（在 1% 水平上显著），在国有上市企业组（$SOE=0$）中为 -0.0011（不显著），且 Chow 检验结果显示这一差异是显著的。这说明当事务所的审计客户为非国有上市企业时，转制后审计师出具非标准意见的概率显著上升，审计报告激进度显著下降，审计报告谨慎性显著提高。分组检验的结果再次说明，事务所转制对非国有上市企业审计报告的谨慎性影响更大。

表 5 - 10　不同规模事务所转制对审计报告谨慎性的影响

变量	ARC = OP		ARC = ARAgg	
	（1）	（2）	（3）	（4）
	十大会计师事务所	非十大会计师事务所	十大会计师事务所	非十大会计师事务所
LLP	0.5313 ***	0.1965	- 0.0176 ***	- 0.0070
	(3.23)	(1.63)	(- 2.77)	(- 1.15)
LNTA	- 0.2115 ***	- 0.2746 ***	- 0.0165 ***	- 0.0258 ***
	(- 3.24)	(- 4.52)	(- 4.75)	(- 4.95)
ROE	- 2.2786 ***	- 0.5883 *	0.1045 **	- 0.0304
	(- 5.32)	(- 1.77)	(2.15)	(- 0.61)
LEV	1.3727 ***	1.0237 ***	0.0787 **	0.1696 ***
	(3.38)	(2.78)	(2.00)	(4.21)
LOSS	0.6841 **	0.5250 **	- 0.1343 **	0.0220
	(2.41)	(2.32)	(- 2.04)	(0.47)
ARINT	- 0.7153	- 0.8928 **	- 0.0450 *	- 0.0573 **
	(- 1.59)	(- 2.16)	(- 1.74)	(- 2.27)
CURRENT	0.0229	- 0.0315	- 0.0009	0.0042 **
	(0.56)	(- 1.03)	(- 0.27)	(2.57)
TURNOVER	- 0.2725	- 0.1402	0.0040	0.0016
	(- 1.44)	(- 0.84)	(0.61)	(0.16)
CASH	0.4255	- 0.8751	0.0154	0.0423
	(0.59)	(- 1.64)	(0.31)	(1.29)
BETA	- 0.1411	- 0.1304	- 0.0005	- 0.0108
	(- 0.41)	(- 0.43)	(- 0.02)	(- 0.69)
DELIST	- 0.3137	0.3084	0.0644 **	- 0.0051
	(- 0.67)	(1.33)	(2.25)	(- 0.22)
BL	0.0629 **	0.0286	- 0.0113 ***	- 0.0068 ***
	(2.17)	(1.60)	(- 2.95)	(- 2.89)
LAGOP	1.9343 ***	1.7485 ***	- 0.2848 ***	- 0.2761 ***
	(11.79)	(12.49)	(- 6.24)	(- 7.91)

续表

变量	ARC = OP		ARC = ARAgg	
	（1）	（2）	（3）	（4）
	十大会计师事务所	非十大会计师事务所	十大会计师事务所	非十大会计师事务所
INTERCEPT	1.7217 (1.24)	3.6730*** (2.82)	0.3537*** (4.57)	0.5266*** (4.65)
Chow 检验			（F = 5.70，P = 0.000）	
N	2295	3169	2060	2912
Pseudo R^2/R^2	0.5523	0.4505	0.2034	0.1581
Wald chi^2/F	254.80	375.47	8.73	8.67

表 5 – 11　分组检验客户产权性质对事务所转制与审计报告
谨慎性关系的影响

变量	ARC = OP		ARC = ARAgg	
	（1）	（2）	（3）	（4）
	SOE = 0	SOE = 1	SOE = 0	SOE = 1
LLP	0.0833 (0.61)	0.5250*** (3.98)	− 0.0011 (− 0.18)	− 0.0186*** (− 3.19)
LNTA	− 0.2754*** (− 3.78)	− 0.2210*** (− 3.38)	− 0.0193*** (− 5.26)	− 0.0252*** (− 4.53)
ROE	− 1.4208*** (− 3.40)	− 0.6145 (− 1.58)	0.0287 (0.60)	− 0.0009 (− 0.02)
LEV	1.1777** (2.38)	1.3707*** (4.02)	0.1021** (2.41)	0.1592*** (3.97)
LOSS	0.7430*** (3.26)	0.4196 (1.38)	− 0.0369 (− 0.76)	0.0258 (0.41)
ARINT	− 0.8495* (− 1.93)	− 1.1203*** (− 2.73)	− 0.0491** (− 2.04)	− 0.0456 (− 1.56)
CURRENT	0.0154 (0.28)	− 0.0127 (− 0.49)	0.0027 (0.67)	0.0042** (2.45)

续表

变量	ARC = OP		ARC = ARAgg	
	(1)	(2)	(3)	(4)
	SOE = 0	SOE = 1	SOE = 0	SOE = 1
TURNOVER	0.0704	-0.5071***	-0.0130*	0.0255**
	(0.52)	(-2.80)	(-1.79)	(2.56)
CASH	-0.7003	-0.2388	0.0019	0.0220
	(-0.75)	(-0.51)	(0.04)	(0.62)
BETA	0.2378	-0.3198	-0.0222	0.0121
	(0.78)	(-1.01)	(-1.47)	(0.66)
DELIST	0.1787	0.0077	0.0102	0.0243
	(0.62)	(0.02)	(0.48)	(0.83)
BL	0.0265	0.0505**	-0.0056***	-0.0112**
	(1.36)	(2.04)	(-2.78)	(-2.49)
LAGOP	2.1743***	1.6353***	-0.4476***	-0.2204***
	(12.40)	(11.26)	(-8.11)	(-6.84)
INTERCEPT	2.9676**	2.5548*	0.4417***	0.4780***
	(2.03)	(1.83)	(5.54)	(3.92)
Chow 检验			(F = 9.55, P = 0.000)	
N	2648	2816	2308	2664
Pseudo R^2/R^2	0.5318	0.4656	0.2578	0.1345
Wald chi^2/F	269.42	328.34	9.98	6.57

表 5-12 分组检验客户潜在诉讼风险对事务所转制与审计
报告谨慎性关系的影响

变量	ARC = OP		ARC = ARAgg	
	(1)	(2)	(3)	(4)
	RISK = 0	RISK = 1	RISK = 0	RISK = 1
LLP	0.2881***	0.4887***	-0.0112***	-0.0325***
	(2.81)	(2.77)	(-2.72)	(-2.67)

续表

变量	ARC = OP		ARC = ARAgg	
	（1）	（2）	（3）	（4）
	RISK = 0	RISK = 1	RISK = 0	RISK = 1
LNTA	− 0. 3083 ***	− 0. 2715 ***	− 0. 0186 ***	− 0. 0476 ***
	（ − 5. 98 ）	（ − 2. 58 ）	（ − 6. 05 ）	（ − 3. 38 ）
ROE	− 1. 2153 ***	− 0. 5372	0. 0469	− 0. 1384
	（ − 4. 02 ）	（ − 0. 86 ）	（ 1. 32 ）	（ − 1. 09 ）
LEV	1. 3694 ***	0. 9570 *	0. 1160 ***	0. 2946 ***
	（ 4. 43 ）	（ 1. 67 ）	（ 4. 15 ）	（ 3. 10 ）
LOSS	0. 7648 ***	0. 0067	− 0. 0364	0. 0263
	（ 4. 34 ）	（ 0. 01 ）	（ − 0. 90 ）	（ 0. 22 ）
ARINT	− 1. 0106 ***	− 0. 4939	− 0. 0479 ***	− 0. 1318 *
	（ − 2. 82 ）	（ − 0. 80 ）	（ − 2. 71 ）	（ − 1. 67 ）
CURRENT	− 0. 0090	0. 0045	0. 0032 **	0. 0045
	（ − 0. 34 ）	（ 0. 09 ）	（ 2. 26 ）	（ 0. 86 ）
TURNOVER	− 0. 1445	− 0. 2736	0. 0019	0. 0187
	（ − 1. 09 ）	（ − 1. 21 ）	（ 0. 31 ）	（ 0. 86 ）
CASH	− 0. 2828	− 0. 8867	0. 0143	0. 0547
	（ − 0. 60 ）	（ − 0. 88 ）	（ 0. 53 ）	（ 0. 45 ）
BETA	0. 1218	− 0. 5963	− 0. 0092	− 0. 0056
	（ 0. 48 ）	（ − 1. 50 ）	（ − 0. 80 ）	（ − 0. 11 ）
DELIST	− 0. 0006	0. 1391	0. 0281 *	− 0. 0186
	（ − 0. 00 ）	（ 0. 30 ）	（ 1. 69 ）	（ − 0. 20 ）
BL	0. 0468 **	0. 0209	− 0. 0083 ***	− 0. 0071
	（ 2. 52 ）	（ 0. 67 ）	（ − 3. 73 ）	（ − 1. 01 ）
LAGOP	1. 8447 ***	1. 8707 ***	− 0. 2718 ***	− 0. 4165 ***
	（ 15. 07 ）	（ 7. 75 ）	（ − 9. 11 ）	（ − 5. 58 ）
INTERCEPT	3. 7424 ***	− 0. 9338 ***	0. 3916 ***	0. 9544 ***
	（ 3. 47 ）	（ − 3. 02 ）	（ 5. 84 ）	（ 3. 09 ）
Chow 检验	—		（ F = 2. 36 , P = 0. 005 ）	

续表

变量	ARC = OP		ARC = ARAgg	
	（1）	（2）	（3）	（4）
	RISK = 0	RISK = 1	RISK = 0	RISK = 1
N	4948	516	4496	476
Pseudo R^2/R^2	0.5202	0.3356	0.1642	0.1998
Wald chi^2/F	472.36	105.46	11.27	4.56

表 5 - 12 显示了分组检验客户潜在诉讼风险对事务所转制与审计报告谨慎性关系影响的回归结果。从表中可见，当被解释变量为审计意见（OP）时，LLP 的系数在高法律诉讼风险客户组（RISK = 1）中为 0.4887（在 1% 水平上显著），在低风险客户组（RISK = 0）中为 0.2881（在 1% 水平上显著）。当被解释变量为审计报告激进度（ARAgg）时，LLP 的系数在高法律诉讼风险组（RISK = 1）中为 - 0.0325（在 1% 水平上显著），在低风险客户组（RISK = 0）中为 - 0.0112（在 1% 水平上显著），且 Chow 检验结果显示这一差异是十分显著的。这说明，事务所转制在更大程度上提高了高法律诉讼风险客户收到非标准审计意见的概率，降低了高风险客户的审计报告激进度。分组检验的结果再次表明，事务所转制对高风险客户审计报告谨慎性的影响更大。

（三）国有产权比例的分析

已有文献研究发现，国有股的持股比例与审计质量显著相关，国有股比例越高，公司选择高质量审计师的意愿越低（Wang et al.，2008；Lin and Liu，2009；Guedhami et al.，2009；王成方和刘慧龙，2014）。类似的，国有股比例越高，政府对企业的干预和保护力度越大，越可能抵消转制对审计报告谨慎性的积极影响。因此，本书也采用国有产权比例进行分析，检验事务所转制（LLP）与国有产权比例（RATE）的交互项 LLP × RATE 的系数是否显著，代入模型（5－1）后的回归结果如表 5－13 所示。从表 5－13 中第（3）列可见，交互项 LLP × RATE 与被解释变量 OP 在 10% 的水平上显著负相关。第（6）列显示，交互项 LLP × RATE 与被解释变量 ARAgg 在 5% 的水平上显著正相关。这说明，国有产权比例越高的审计客户，在事务所转制后收到非标准审计意见的概率提高得越少，审计报告激进度降低的幅度也更小。也就是说，尽管事务所转制显著地提高了审计报告谨慎性，但随着国有产权比例的提高，事务所转制对审计师谨慎性的影响逐渐被削弱。这从另外一方面检验了国有产权对事务所转制效应的不利影响。

（四）产权性质对事务所转制与审计费用关系的影响

本研究发现，当遇到事务所转制带来法律风险普遍增加的情况时，相较于国有上市企业，审计师对非国有企业的审计风险更加敏感。而对国有上市企业，当事务所相对放松审计标准时，也可能通过提高收费溢价来弥补风险的增加。为进一步检验产权性质对事务所转制与审计费用关系的影响，在模型（5－1）中，将审计费用（Lnfee）作为被解释变量，回归结果见表 5－14。从表中第（1）列可见，当不加入产权性质变量时，LLP 的系数显著为正（1% 水平），说明事务所转制显著提高了审计收费。第（2）列 SOE 的系数在 1% 的水平上显著为正，说明不考虑转制事件时，与国有上市企业客户相比，事务所对非国有企业客户的收费显著更高。第（3）列显示，在没有加入交互项 LLP × SOE 时，LLP 的系数在 1% 的水平上显著为正，SOE 的系数在 5% 的水平上显著为正，说明事务所转制显著提高了审计收费，非国有企业的审计费用显著更高。第（4）列显示，在加入交互项 LLP × SOE 之后，该交互项的系数为 -0.0724，且在 1%

的水平上显著为负，这意味着转制后，事务所对非国有上市企业客户审计收费的增加幅度显著小于国有上市企业客户，或者可以说，事务所转制后针对国有企业的审计收费增长幅度显著大于非国有上市企业。

表 5 - 13　国有产权比例对事务所转制与审计报告谨慎性关系的影响

变量	ARC = OP			ARC = ARAgg		
	（1）	（2）	（3）	（4）	（5）	（6）
LLP	—	0. 3440 ***	0. 5223 ***	—	- 0. 0135 ***	- 0. 0217 ***
		（3. 77）	（3. 99）		（- 3. 21）	（- 3. 93）
RATE	0. 0006	0. 0012	0. 0065 *	- 0. 0000	- 0. 0000	- 0. 0002
	（0. 24）	（0. 46）	（1. 73）	（- 0. 02）	（- 0. 18）	（- 1. 51）
LLP × RATE	—	—	- 0. 0096 *	—	—	0. 0004 **
			（- 1. 96）			（2. 24）
LNTA	- 0. 2332 ***	- 0. 2559 ***	- 0. 2544 ***	- 0. 0221 ***	- 0. 0213 ***	- 0. 0213 ***
	（- 4. 78）	（- 5. 33）	（- 5. 36）	（- 6. 58）	（- 6. 28）	（- 6. 30）
ROE	- 1. 0874 ***	- 1. 0322 ***	- 1. 0001 ***	0. 0261	0. 0199	0. 0194
	（- 4. 02）	（- 3. 78）	（- 3. 64）	（0. 71）	（0. 55）	（0. 53）
LEV	1. 1365 ***	1. 1530 ***	1. 1889 ***	0. 1415 ***	0. 1382 ***	0. 1377 ***
	（3. 86）	（3. 99）	（4. 10）	（4. 82）	（4. 66）	（4. 65）
LOSS	0. 6974 ***	0. 6927 ***	0. 7036 ***	- 0. 0318	- 0. 0312	- 0. 0314
	（3. 91）	（3. 75）	（3. 80）	（- 0. 79）	（- 0. 77）	（- 0. 78）
ARINT	- 0. 8313 ***	- 0. 8286 ***	- 0. 8590 ***	- 0. 0600 ***	- 0. 0587 ***	- 0. 0588 ***
	（- 2. 62）	（- 2. 64）	（- 2. 75）	（3. 15）	（- 3. 06）	（- 3. 06）
CURRENT	- 0. 0096	- 0. 0072	- 0. 0044	0. 0034 **	0. 0033 **	0. 0032 **
	（- 0. 38）	（- 0. 29）	（- 0. 18）	（2. 22）	（2. 16）	（2. 12）
TURNOVER	- 0. 1801	- 0. 1847	- 0. 1841	0. 0031	0. 0030	0. 0030
	（- 1. 39）	（- 1. 42）	（- 1. 43）	（0. 47）	（0. 46）	（0. 46）
CASH	- 0. 4530	- 0. 3860	- 0. 3704	0. 0254	0. 0217	0. 0205
	（- 1. 07）	（- 0. 90）	（- 0. 86）	（0. 91）	（0. 78）	（0. 73）

续表

变量	ARC = OP			ARC = ARAgg		
	（1）	（2）	（3）	（4）	（5）	（6）
BETA	−0.1458	−0.0897	−0.0612	−0.0082	−0.0098	−0.0102
	（−0.64）	（−0.41）	（−0.28）	（−0.67）	（−0.80）	（−0.83）
DELIST	0.1366	0.1103	0.1081	0.0184	0.0188	0.0192
	（0.61）	（0.51）	（0.49）	（0.99）	（1.01）	（1.03）
BL	0.0382**	0.0374**	0.0370**	−0.0084***	−0.0083***	−0.0083***
	（2.44）	（2.39）	（2.35）	（−3.80）	（−3.77）	（−3.78）
LAGOP	1.7381***	1.7986***	1.8418***	−0.2831***	−0.2848***	−0.2864***
	（15.60）	（15.90）	（15.83）	（−9.54）	（−9.65）	（−9.69）
INTERCEPT	2.7722***	2.9757***	2.7802***	0.4516***	0.4446***	0.4514***
	（2.73）	（2.95）	（2.82）	（6.12）	（6.01）	（6.13）
N	5464	5464	5464	4972	4972	4972
Pseudo R^2/R^2	0.4699	0.4779	0.4808	0.1575	0.1590	0.1599
Wald chi^2/F	560.84	565.20	562.44	11.26	11.23	10.84

表 5 – 14　产权性质对事务所转制与审计费用关系的影响

变量	被解释变量为审计费用（Lnfee）			
	（1）	（2）	（3）	（4）
LLP	0.1185***	—	0.1154***	0.1516***
	（13.41）		（13.01）	（13.50）
SOE	—	0.0669***	0.0598**	0.0977***
		（2.82）	（2.52）	（3.87）
LLP × SOE	—	—	—	−0.0724***
				（−4.78）
LNTA	0.4469***	0.4595***	0.4531***	0.4531***
	（27.60）	（28.76）	（27.88）	（27.86）
ROE	−0.2110***	−0.2715***	−0.2229***	−0.2257***
	（−2.58）	（−3.34）	（−2.73）	（−2.76）
LEV	−0.2347***	−0.2561***	−0.2265***	−0.2303***
	（−3.04）	（−3.31）	（−2.93）	（−2.97）

续表

变量	被解释变量为审计费用（Lnfee）			
	（1）	（2）	（3）	（4）
LOSS	0.1833 ***	0.1911 ***	0.1894 ***	0.1896 ***
	（3.20）	（3.29）	（3.31）	（3.31）
ARINT	−0.0486	−0.0578	−0.0681	−0.0677
	（−0.70）	（−0.82）	（−0.98）	（−0.97）
CURRENT	−0.0058	−0.0081	−0.0073	−0.0077
	（−1.03）	（−1.43）	（−1.30）	（−1.37）
TURNOVER	0.1188 ***	0.1215 ***	0.1218 ***	0.1218 ***
	（4.95）	（5.07）	（5.09）	（5.10）
CASH	0.0708	0.0358	0.0681	0.0625
	（0.77）	（0.39）	（0.74）	（0.68）
BETA	−0.1422 ***	−0.1512 ***	−0.1372 ***	−0.1389 ***
	（−3.46）	（−3.68）	（−3.34）	（−3.37）
DELIST	−0.0870 **	−0.0896 **	−0.0929 **	−0.0920 **
	（−2.14）	（−2.16）	（−2.29）	（−2.26）
BL	0.0137 ***	0.0152 ***	0.0147 ***	0.0147 ***
	（3.43）	（3.78）	（3.67）	（3.65）
LAGOP	0.2231 ***	0.2005 ***	0.2169 ***	0.2114 ***
	（5.45）	（4.85）	（5.27）	（5.13）
INTERCEPT	3.8521 ***	3.6388 ***	3.6854 ***	3.6733 ***
	（11.24）	（10.58）	（10.64）	（10.61）
N	5152	5152	5152	5152
R^2	0.5923	0.5878	0.5936	0.5942
F	152.63	82.39	142.39	140.30

二 稳健性检验

（一）关键变量的替换

客户潜在诉讼风险变量 RISK 的替换。首先，根据 Altman（1968）

方法计算 Z 指数[①]，然后借鉴郑国坚等（2013）、闫焕民等（2015）的做法，将 Z 指数按照从小到大分为 5 组，处于最低一组的企业被认定为很可能陷入财务困境，公司风险较高，*Z_score* 取值为 1，其他取值为 0。接着用 *Z_score* 替换模型（5－2）中的 *RISK*，用 *LLP ×Z_ score* 替换原模型中的交互项 *LLP × RISK*，回归结果见表 5－15 中的 Panel A。从中可见交互项 *LLP × Z_score* 与审计意见在 5% 的水平上显著正相关，与审计报告激进度在 1% 的水平上显著负相关，这说明事务所转制显著提高了高风险客户收到非标准审计意见的概率，降低了高风险客户的审计报告激进度，转制对高风险客户审计报告的谨慎性影响更大，与本章模型（5－2）多元回归的结果一致。

（二）控制行业和年度

为控制行业和年度可能对审计意见或审计报告激进度造成的影响，参考 Firth et al. (2012) 的建议，在模型（5－1）和模型（5－2）中同时控制行业和年度效应，回归结果见表 5－15 中的 Panel B。此时交互项 *LLP × SOE* 的系数方向和显著水平均未发生显著变化，与模型（5－1）的多元回归结果一致，交互项 *LLP × RISK* 的系数方向和显著水平也与本章模型（5－2）的多元回归结果基本一致，控制行业和年度效应后的结果依然支持本章的研究结论。

（三）剔除四大会计师事务所所审计的公司样本

由于国际四大会计师事务所的特殊性，在事务所转制的样本研究期间，四大会计师事务所还同时进行了本土化的转制，从而导致可能很难区分两种转制对审计师谨慎性的影响。因此，剔除四大会计师事

---

① 根据 Altman（1968），当 Z 指数得分（*Z_score*）小于 1.8 时，认为该公司很可能陷入财务困境，公司风险较高。

务所所审计的公司样本，用净化后的非四大会计师事务所样本分别对模型（5－1）和模型（5－2）重新进行回归，结果列示于表5－15中Panel C。从中可见交互项 *LLP* × *SOE* 的系数方向和显著性与本章模型（5－1）多元回归结果基本一致，未发生显著变化，交互项 *LLP* × *RISK* 的系数方向和显著性也与本章模型（5－2）的多元回归结果基本一致，剔除四大会计师事务所样本后的回归结果未发生显著改变，说明了全样本下的回归结果也是稳健的。

（四）剔除在转制的同时又实施了合并的事务所所审计公司的样本

在样本研究期间，部分事务所在完成组织形式转变的同时也进行了事务所之间的合并①，从而很难区分转制和合并两者对审计师谨慎性行为的影响，基于此，剔除在转制的同时又实施了合并的事务所所审计的客户公司的样本1072个后，将其余的样本分别在模型（5－1）和模型（5－2）中重新进行回归，回归结果见表5－15中的Panel D。从中可见，当将审计意见作为被解释变量时，*LLP* × *SOE* 的系数显著为正（5%水平），当将审计报告激进度作为被解释变量时，*LLP* × *SOE* 的系数显著为负（5%水平），这说明，与国有上市企业相比，事务所转制后非国有企业客户收到非标准意见的概率提高更多，审计报告激进度的降低程度更大，事务所转制对非国有上市企业客户的审计报告谨慎性的影响更大，与全样本卜模型（5－1）的多元回归结果一致。此外，交互项 *LLP* × *LISK* 与被解释变量审计意见在10%的水平上显著正相关，与被解释变量审计报告激进度在5%的水

---

① 例如2011年底，京都天华与天健正信事务所合并，合并后更名为"致同会计师事务所"，并同时完成了组织形式向特殊普通合伙制的转变，为减少因事务所合并产生的经济后果可能对研究结果的干扰，特别剔除由其审计的公司样本，其他转制与合并同时进行的事务所，本书做相同的处理。

平上显著负相关，说明事务所转制对高风险客户审计报告谨慎性的影响更大，转制在更大程度上提高了高风险客户审计师的谨慎性水平和风险意识，与全样本下模型（5－2）的多元回归结果一致。剔除事务所合并后的样本回归结果与全样本下的多元回归结果仍然一致，再次表明本书的检验结果是稳健的。

表 5－15　稳健性检验回归结果

变量	ARC = OP	ARC = ARAgg
Panel A：Z_score 替换 RISK		
$LLP \times Zscore$	0.4657 ** （2.53）	－ 0.0470 *** （－2.94）
N	5464	4972
Pseudo R^2/R^2	0.4827	0.1595
Wald chi^2/F	564.07	10.70
Panel B：控制年度、行业		
$LLP \times SOE$	0.5424 *** （2.75）	－ 0.0265 *** （－3.04）
$LLP \times RISK$	0.6094 ** （2.05）	－ 0.0566 *** （－2.69）
N	5464	4972
Pseudo R^2/R^2	0.4925	0.1637
Wald chi^2/F	589.57	6.47
Panel C：剔除四大会计师事务所样本		
$LLP \times SOE$	0.5012 *** （2.59）	－ 0.0236 *** （－2.67）
$LLP \times RISK$	0.4883 * （1.67）	0.0489 ** （－2.32）
N	5104	4692
Pseudo R^2/R^2	0.4767	0.1576

变量	$ARC = OP$	$ARC = ARAgg$
Wald chi^2/F	557.17	10.70
Panel D：剔除事务所合并样本		
$LLP \times SOE$	0.5720 ** (2.32)	− 0.0183 ** (− 2.09)
$LLP \times RISK$	0.6058 * (1.75)	− 0.0553 ** (− 2.32)
N	4392	3972
Pseudo R^2/R^2	0.4689	0.1570
Wald chi^2/F	423.14	10.38

注：限于篇幅，本表只报告了关键解释变量的回归结果。

第六节　本章小结

本章以审计意见和审计报告激进度来度量审计报告谨慎性，研究了审计客户的异质性对事务所转制与审计报告谨慎性关系的影响。采用纵列数据模型的分析结果表明，在事务所转制的基本效应上，与本书第三章和过去的文献研究结论一致，即事务所转制提高了审计师的法律责任和诉讼风险，审计师出具审计报告的谨慎性提高，但国有产权显著削弱了事务所转制对审计报告谨慎性的积极影响。与非国有企业相比，审计师对转制给国有企业客户增加的审计风险可能相对更不敏感，从而造成转制的经济后果因审计客户产权性质的不同而存在显著差异。本章的研究结果表明，相较于国有上市企业，事务所转制对审计非国有上市企业客户的审计师的审计行为影响更大，其审计报告的谨慎性提高更多。随着国有股持股比例的提高，事务所转制对审计报告谨慎性的积极作用在减弱。产权性质对事务所转制的经济后果产生了显著影响。

另外，本章在过去研究事务所转制给审计质量带来的基本效应基础上，进一步考虑客户公司的法律风险，考察事务所转制对不同潜在诉讼风险公司的审计报告谨慎性的影响。研究发现，事务所转型为特殊普通合伙制之后，与低风险或者说优质客户相比，高风险客户收到非标准审计意见的概率提高更多，审计报告激进度的降低幅度更大。这说明，事务所转制对高风险客户的审计行为影响更大，高风险客户的审计报告谨慎性提高更多，客户的潜在诉讼风险水平对转制的经济后果产生了显著影响，转制增强了审计师对客户公司法律风险的识别与控制。

在潜在法律诉讼风险提高时，审计师应对风险主要有两种思路：一是提高执业标准，降低可容忍审计风险水平，即提高审计报告的谨慎性；二是提高审计收费，通过收费溢价来弥补增加的诉讼风险。在本章的研究中发现，事务所转制后，无论是审计报告谨慎性还是审计收费都显著提高，这说明审计师同时采用了这两种方法来应对诉讼风险的增加。但针对不同产权性质的客户，审计师采取的方法侧重点有所不同。研究中发现，审计师对非国有上市企业客户的审计报告谨慎性提高更多，而针对国有企业的审计收费增长幅度又大于非国有上市企业。

在研究中还发现，此次事务所转制的政策效果主要集中体现在大型事务所，十大会计师事务所的审计报告谨慎性显著提高，但非十大会计师事务所的效果不显著。这一结论与审计师声誉机制和深口袋理论的解释是一致的，当审计失败面临诉讼时，大型事务所的声誉损失和经济损失更大，因此，大型事务所的风险意识更强，面对特殊普通合伙制下潜在诉讼风险的增加，其审计行为更加谨慎。此外，我国大型事务所大多数是在监管部门的政策推动下，经历合并、重组逐渐发展壮大，受益于监管部门，同时也成为监管部门强化资本市场信息监管的重要力量，此次事务所转制也是在监管部门的主导推动下进行的，大型事务所与监管部门的密切联系，也可能使得其更加支持监管部门的政策，表现为及时实行转制和更大幅度地提高审计报告谨慎性。

第六章　研究结论与政策建议

第一节　研究结论

本书以我国财政部推动会计师事务所组织形式改制为特殊普通合伙制的自然实验为契机，探索事务所转制引起的审计师法律责任变化对审计质量的影响机制，在此基础上，分别从不同的视角进一步考察事务所转制对个人特征不同（风险偏好）的审计师的审计质量影响机制，以及不同潜在诉讼风险（财务困境）、不同产权性质的客户在事务所转制前后审计质量的变化，最后归纳出事务所转制、法律责任变化时审计师的行为规律，一方面检验事务所转制的政策效果，另一方面可以为监管部门加强后续监管提供政策建议，为会计师事务所解决新问题提供理论指导。

本书主要的研究结论如下。

第一，将事务所转制前和转制后所审计同一批上市公司作为研究样本，依次检验事务所转制对审计质量的三个替代变量审计意见、盈余管理程度和会计稳健性的影响。实证结果发现，会计师事务所在转为特殊普通合伙制后，更倾向于发表非标准审计意见，可操控应计额（DA）以及线下项目（BL）均显著下降，会计稳健性显著提高。以上结果一致表明，会计师事务所转变为特殊普通合伙制后，发表非标准意见的概率更高，审计后客户公司的盈余操控程度下降，会计稳健性更高，转制提高了审计质量。监管部门推动的事务所转制政策已初见成效，资本市场的审计质量得到显著提高。

第二，在从事务所层面研究转制对审计质量总体影响的基础上，进一步考虑面对事务所转制带来的法律风险变化，个人特征不同的审计师所审计客户公司的会计稳健性变化，将对事务所转制效应的研究延伸至审计师个人层面。研究发现，事务所转为特殊普通合伙制后，其所审计客户公司的会计稳健性普遍提高，但个人特征不同的审计师，其所审计客户公司的会计稳健性水平的提高程度是显著不同的。具体而言，相对于签字非合伙人、低学历的，注册会计师为签字合伙人、具有本科或以上学历的，其所审计客户公司的会计稳健性提高程度更大；相对于执业年限较短、较为年长的，执业时间较长、年龄较大的审计师所审计客户公司的会计稳健性反而提高得较少。进一步分析发现，造成这一结果的原因是个人特征不同的审计师对风险的厌恶程度不同，面对事务所转制带来的法律责任增加，其审计行为存在差异。研究还同时发现，会计师事务所组织形式向特殊普通合伙制的改制，重点是提高了审计报告签字合伙人的法律责任和潜在诉讼风险，当审计报告签字人为非合伙人时，发生审计失败的法律责任仍无法真正落实，从而造成是否具有签字合伙人身份对事务所转制的政策效果产生了显著影响，事务所转制对签字合伙人的影响程度更大。

第三，在研究事务所转制对审计质量总体影响的基础上，一方面，进一步研究事务所转制的政策效果是否也受审计客户产权性质的影响。研究结果表明，事务所转制提高了审计师的审计报告谨慎性，但主要是提高了十大会计师事务所的审计报告谨慎性。国有产权性质弱化了事务所转制对审计报告谨慎性的积极影响，与国有上市企业相比，非国有上市企业在事务所转制后被出具非标准审计意见的概率提高更多，审计报告激进度的降低程度更大，而且事务所转制对审计报告谨慎性的积极作用也随着国有持股比例的提高而弱化。研究还同时发现，事务所转制后，尽管国有上市企业的审计报告谨慎性相对提高更少，但审计收费的增长幅度却大于非国有上市企业。另一方面，进一步考察客户公司的法律风险，检验事务所转制对潜在诉讼风险不同的公司的审计报告谨慎性的影响。研究发现，事务所转型为特殊普通合伙制之后，与低风险或者说优质客户相比，高风险客户收到非标准审计意见的概率提高更多，审计报告激进度的降低幅度更大。这说明，事务所转制对高风险客户的审计行为影响更大，高风险客户的审计报告谨慎性提高更多，客户的潜在诉讼风险水平对转制的经济后果产生了显著影响，事务所转制增强了审计师对客户公司法律风险的识别与控制。

第二节 政策启示

审计质量是审计理论研究中的核心问题，尽管学术界和监管部门一直关注会计师事务所组织形式对审计执业行为的影响，但对事务所组织形式变迁如何影响审计质量仍然缺乏了解。以财政部推动事务所组织形式向特殊普通合伙制转变这一自然实验为契机，本书基于我国签字注册会计师报告制度的特定背景逐步展开研究，所获得的经验证据有助于发现事务所组织形式变迁对审计质量的影响规律和途径，深化基于我国制度背景分析的法律责任与审计质量关系的理论认识，掌握此次事务所组织形式改制的政策效果，对监管部门制定后续政策、事务所强化内部治理具有参考价值。

一 继续推进和完善事务所组织形式变革

我国自改革开放后，逐步恢复了注册会计师行业的发展，会计师事务所组织形式先后经历了挂靠政府、脱钩改制、有限责任公司制与合伙制并存、鼓励采用特殊普通合伙制、全面推进向特殊普通合伙制转变的演进历程。每一次组织形式的重大变革都对事务所乃至整个审计市场产生了深远的影响，随着此次事务所组织形式向特殊普通合伙制转变，特殊普通合伙组织形式正成为理论和实证研究的热点。本书正是以全部完成转制的具有证券资格的事务所为研究对象，从审计意见、客户盈余操控程度、会计稳健性等角度重新考察了事务所转制对审计质量的总体影响，所获得的经验证据表明此次事务所组织形式的变革提高了资本市场的审计质量，达到了监管部门的预期政策效果。从这个研究结论出发，监管部门应坚定不移地推行事务所组织形式的特殊普通合伙制，并继续鼓励和支持其他中小型会计师事务所在条件允许的范围内，加快向特殊普通合伙制的转变。此外，为配合推进中小型事务所组织形式的全面改制，可进一步完善特殊普通合伙制的单独立法，要真正实现事务所的做大做强和与国际接轨，不妨效法英美等国，将有关特殊普通合伙制的法律法规从《中华人民共和国合伙企业法》中独立出来，制定贴合我国签字注册会计师报告制度背景的"特殊普通合伙法"，真正做到有法可依，从根本上保障事务所组织形式变革的顺利实施和推进。

二 完善与事务所组织形式变革相关的人才队伍配套建设

此次事务所组织形式向特殊普通合伙制的转变，重点是提高了签字审计师的法律责任，而审计师是审计业务的直接和最终执行者，审计工作的质量最终取决于审计师的独立性和专业能力的发挥，已有文献也发现，审计师的个人特征（如执业年限、年龄、性别、受教育程度等）会对审计师的审计行为与审计质量带来显著影响，且本书的经验证据也发现面对事务所转制带来的法律责任和风险普遍增加的情况，对于个人特征不同的审计师，转制对其审计行为和审计质量的影响幅度是显著不同的，如学历越高的审计师，转制对其审计谨慎性的积极影响越大；执业年限相对较短的或者年轻的审计师，其对事务所转制的影响更加敏感，表现得更为积极，审计行为更谨慎，转制后的审计质量有更大幅度的提高。这些经验证据的发现，对如何更好地完善事务所组织形式变革之后的配套注册会计师队伍建设提供了重要的理论参考。正如我们实证研究所发现的，高学历的审计师在面临法律责任增加时，表现出了更积极审慎的执业行为，转制更有助于他们提高审计服务质量。有鉴于此，事务所一方面应该进一步完善和加强审计师人才的引进和准入制度，大力吸引和选拔高学历的优秀人才加入注册会计师行业队伍；另一方面，在事务所内部推行更为科学完备的进修激励机制，鼓励和支持审计师在岗进修，为他们学历深造解除后顾之忧，进而提升审计师的整体受教育水平。此外，鉴于此次事务所转制的积极政策效果对执业年限较长或年龄较大的审计师并不十分理想，正如本书所指出的，年龄较大的、执业年限较长的审计师往往对自身的审计报告行为更加自信，对转制事件更不敏感，知识结构和思想意识也可能相对更为陈旧和僵化。因此，事务所不妨借此次转制的"东风"，制定新一轮的职业继续教育学习计划，且在学习培训过程中，着力增进执业经验丰富的"审计专家"与年轻的"审计新手"之间的相互影响与交流，也可广泛拓展渠道，鼓励审计师赴海外学习，增加国际大型事务所的工作经验，在开阔视野并且增进对高法律责任状态事务所组织形式认识的同时，也能更好地适应和接受此次转制带来的法律责任和风险的提升，进而努力提高自身的业务水平和审计服务质量。以上这些政策建议措施不仅有利于我国打造一支更优质的注册会计师队伍，而且可以更好地保证事务所组织形式变革的顺利推行，为提升资本市场的整体审计质量"锦上添花"，使监管部门优化事务所组织形式、提升本土事务所整体国际竞争力的初衷落到实处。

三 优化不同审计客户之间的审计师资源配置

本书的经验证据还表明，尽管事务所转制提高了审计服务的整体质量，但事务所转制的政策效果受审计客户异质性的影响。一方面，产权性质会削弱转制的积极作用，事务所转制显著提高了审计师对非国有上市企业的审计质量，然而我国资本市场特定的制度背景是国有上市公司占有较大比例，这一特定产权特征对资本市场的参与主体产生了重要影响，转制对国有上市企业的审计服务质量并未产生如对非国有上市企业那样的积极影响。我们了解到，尽管事务所转制将增加审计师的潜在法律风险，提高其执业过程中的风险意识，从而提高审计报告谨慎性和审计质量，但面对国有上市企业与非国有上市企业在诸多方面的差异，审计师的反应也会不同。有鉴于此，结合个人特征不同的审计师应对转制风险的态度和审计行为的差异，事务所应根据审计客户的产权性质，适宜地配置审计师资源，尤其是对国有上市企业客户，应尽量给其配置一些对转制的审计风险更加敏感的注册会计师组合或团队，以减轻国有产权性质对转制的不利影响，提高转制的政策效果。另一方面，本书的研究发现，事务所转制显著增强了审计师对审计客户法律风险的识别和控制，对潜在法律诉讼风险较高的公司，转制的积极作用更加显著。从这一结论的角度出发，事务所在整合和优化审计师资源时，也应特别关注审计客户的法律风险水平，尤其应为高风险客户分配恰当的审计师组合。当然，事务所同时也要密切关注所谓低风险客户或者说优质客户的风险水平，加强与证监会对有关上市公司违规处罚信息的对称性沟通。通过以上措施，可以尽量减少转制之后审计师的诉讼风险和审计失败，有利于监管部门强制推行事务所组织形式变革的平稳推进。

四　进一步优化事务所转制后的审计定价策略

本书的研究还发现，事务所转制后，无论是审计质量还是审计收费都显著提高，这说明审计师同时采用了提高执业标准与提高审计收费的方法来应对诉讼风险的增加。但针对不同产权性质的客户，审计师采取的方法侧重点有所不同。研究中发现，尽管审计师对非国有上市企业客户的审计质量提高更多，但针对国有企业的审计收费增长幅度大于非国有上市企业。这提示我们，要缩小审计师努力水平的差距，提升整体审计服务质量，应缩小审计收费增加幅度的差距，或者说降低审计收费的溢价程度。此外，由于高风险客户的潜在诉讼风险和法律责任成本比优质客户高，审计师有更强的动机和意愿对高法律风险客户付出更多努力，所以，为了弥补由此带来的潜在成本，事务所也应对高风险客户收取更高的审计费用。总之，只有不断优化事务所转制后的审计定价策略，才能更好地激励审计师提高努力水平。

五　明确签字合伙人之间的内部责任认定与承担

从特殊普通合伙制的内涵来看，此次事务所转制重点是提高了签字合伙人的法律责任和潜在诉讼风险，本书的经验证据也表明，与签字非合伙人相比，事务所转制在更大程度上提高了签字合伙人的审计谨慎性和审计质量。但与此同时，关于签字合伙人之间有限责任和无限连带责任的划分与认定，或者说，关于执业活动中故意或重大过失签字合伙人与其他签字合伙人之间的责任划分与认定，关键不在于是否有相应的法律条款约定了哪些行为属于"故意或重大过失"，而在于能否在具体的执业活动中判断出该签字合伙人是否存在"故意或重大过失"。因为说到底审计师的责任应归为专家责任的一种，这种专家责任必然要求审计师在特定的审计业务中具备专门的技能和方法，事务所或监管部门一般是依据相应的审计准则判定审计师的行为是否存在重大过失。然而，审计师也可能通过巧妙选择审计方法、增加审计技巧等来规避审计准则的制约，所以，在审计实务中，对签字合伙人主观或重大过失的责任认定，很难制定统一或具体的法律或制度标准，还需要具体问题具体分析。当然，无过错合伙人的"举证"行为和自我保护意识的加强，也会在很大程度上有利于签字合伙人主观或重大过失的认定。另外，即使明确了合伙人之间内部责任的认定，但合伙人或事务所的无限责任的具体承担还涉及合伙人个人财产的验证问题，因此，特殊普通合伙制事务所应尽快建立和完善签字合伙人的个人财产登记和申报制度，以保障无限责任赔偿制度真正落到实处。

第三节　研究局限与未来研究方向

首先，本书研究了事务所转制的政策效果，在从事务所层面考察转制对审计质量总体影响的基础上，进一步延伸至审计师个人层面和审计客户层面，研究了转制对不同个人特征审计师、具有异质性审计客户的审计行为的影响机制，为进一步理解事务所组织形式与审计质量的关系提供了经验证据，所得到的研究结论也为现有的关于法律责任与审计质量的文献研究增加了证据支持。当然，为了更好地了解事务所组织形式变迁带来的经济后果，在本书的主体研究结束后，未来仍可进一步考察 IPO 市场事务所客户组合的变化，检验已经转制的事务所和没有转制的事务所的客户风险是否不同，对现有的高风险客户，则观测在转制后其是否出现事务所辞聘的现象。

其次，在检验事务所转制对被审计客户公司的盈余管理程度的影响时，本书将可操控应计额和线下项目作为盈余管理的测度指标。事实上，盈余管理按照属性可划分为机会主义和决策有用性两种不同属性的盈余管理，而根据已有的研究来看，机会主义与决策有用性盈余管理可以被注册会计师所鉴别，由于决策有用性盈余管理的风险可能更低，因此，审计师更倾向于对风险更高的机会主义可操控应计盈余管理发表非标准审计意见。所以，未来可将可操控应计额按其属性划分为机会主义和决策有用性，以期对事务所转制的经济后果做更细致的考察。此外，尽管本书的研究结论表明事务所转制显著抑制了客户公司的盈余操控行为，而盈余操控又可区分为应计盈余操控和真实交易操控，但本书的经验证据只是提供了被审计客户的应计盈余操控行为在事务所转制后的变化。因此，未来应进一步区分真实交易盈余管理和应计盈余管理，检验事务所转制对二者抑制作用的影响规律和途径，以进一步从源头上考察盈余操控行为产生的动因，并更加清晰地认识事务所转制的政策效果，为监管部门制定下一步的监管措施提供政策参考。

另外，根据财政部 2001 年发布的《财政部关于注册会计师在审计报告上签名盖章有关问题的通知》，要求审计报告应当由两名具备相关业务资格的注册会计师签名盖章并经会计师事务所盖章。合伙会计师事务所应当由一名对审计项目负最终复核责任的合伙人和一名负责该项目的注册会计师签名盖章。有限责任会计师事务所出具的审计报告，应当由会计师事务所主任会计师或其授权的副主任会计师和一名负责该项目的注册会计师签名盖章。当事务所转制为特殊普通合伙所后，签字注册会计师就都是对审计项目负最终复核责任的合伙人和一名负责该项目的注册会计师，所以，文中讨论时，一般性地把签字注册会计师划分为签字合伙人和签字非合伙人。尽管本书的研究发现事务所转制显著提高了签字合伙人的会计稳健性和审计质量，对签字非合伙人，事务所转制的这一政策效果并不明显，所获得的经验证据为财政部、中注协等监管部门制定事务所改制后的相关政策提供了一定的理论依据。但事务所转制后，如何加强对签字非合伙人的管理，事务所内部责任如何划分更有利于约束签字非合伙人的道德风险？如何规范内部责任划分、是否应该给签字非合伙人的过失或重大过失给予处罚，是否应该给予签字合伙人的过失或重大过失追加赔偿外的附加处罚？这些重要的实践问题还需要更加广泛和深入的理论与实证检验才可以回答。

参考文献

[1] Acemoglu, D. and Gietzmann, M., "Auditor Independence, Incomplete Contracts and the Role of Legal Liability," *European Accounting Review* 6 (3), 1997, pp. 355 – 375.

[2] Ahmad-Zaluki, N. A., Campbell, K. and Goodacre, A., "Earnings Management in Malaysian IPOs: The East Asian Crisis, Ownership Control, and Post-IPO Performance," *The International Journal of Accounting* 46 (2), 2011, pp. 111 – 137.

[3] Altman, E. I., "Financial Ratios, Discriminant Analysis and the Prediction of Corporate Bankruptcy," *Journal of Finance* 23 (4), 1968, pp. 589 – 609.

[4] Balachandran, B. V., Nagarajan, N. J., "Imperfect Information, Insurance, and Auditors' Legal Liability," *Contemporary Accounting Research* 3 (2), 1987, pp. 281 – 301.

[5] Ball, R., Shivakumar, L., "Earnings Quality in UK Private Firms: Comparative Loss Recognition Timeliness," *Journal of Accounting and Economics* 39 (1), 2005, pp. 83 – 128.

[6] Ball, R., Kothari, S. and Robin, A., "The Effect of International Institutional Factors on Properties of Accounting Earnings," *Journal of Accounting and Economics* 29 (1), 2000, pp. 1 – 51.

[7] Balsam S., Krishnan, J. and Yang, J. S., "Auditor Industry Spe-

cialization and Earnings Quality," *Auditing*: *A Journal of Practice & Theory* 22 （2）, 2003, pp. 71 – 97.

[8] Bamber, L. S., Jiang, J. and Wang, I. Y., "What's My Style? The Influence of Top Managers on Voluntary Corporate Financial Disclosure," *The Accounting Review* 85 （4）, 2010, pp. 1131 – 1162.

[9] Bartov, E., Gul, F. A. and Tsui, J. S. L., "Discretionary-accruals Models and Audit Qualifications," *Journal of Accounting and Economics* 30 （3）, 2000, pp. 421 – 452.

[10] Barua, A., Davidson, L. F., Rama, D. V. and Thiruvadi, S., "CFO Gender and Accruals Quality," *Accounting Horizons* 24 （1）, 2010, pp. 25 – 39.

[11] Basu, S., "The Conservatism Principle and the Asymmetric Timeliness of Earnings," *Journal of Accounting and Economics* 24 （1）, 1997, pp. 3 – 37.

[12] Beaver, W. H., Ryan, S. G., "Biases and Lags in Book Value and Their Effects on the Ability of the Book-to-Market Ratio to Predict Book Return on Equity," *Journal of Accounting Research*, 38 （1）, 2000, pp. 127 – 148.

[13] Beaver, W. H. and Ryan, S. G., "Conditional and Unconditional Conservatism: Concepts and Modeling," *Review of Accounting Studies* 10 （2 – 3）, 2005, pp. 269 – 310.

[14] Becker, C., DeFond, M. and Jiambalvo, J., "The Effect of Audit Quality on Earnings Management," *Contemporary Accounting Research* 15 （1）, 1998, pp. 1 – 24.

[15] Blay, A., "Independence Threats, Litigation Risk, and the Auditor's Decision Process," *Contemporary Accounting Research* 22 （4）, 2005, pp. 759 – 789.

［16］ Bunderson, J. S. , "Recognizing and Utilizing Expertise in Work Groups: A Status Characteristics Perspective," *Administrative Science Quarterly* 48 (4), 2003, pp. 557 – 591.

［17］ Burton, F. G. , Wilks, T. J. and Zimbelman, M. F. , "The Impact of Audit Penalty Distributions on the Detection and Frequency of Fraudulent Reporting," *Review of Accounting Studies* 16 (4), 2011, pp. 843 – 865.

［18］ Butler, M. , Leone, A. J. and Willenborg, M. , "An Empirical Analysis of Auditor Reporting and its Association with Abnormal Accruals," *Journal of Accounting and Economics* 37 (2), 2004, pp. 139 – 165.

［19］ Cahan, S. F. , Zhang, W. , "After Enron: Auditor Conservatism and Ex-Anderson clients," *The Accounting Review* 81 (1), 2006, pp. 49 – 82.

［20］ Cano, M. , Nickel, M. , "Aggregation Bias in Estimates of Conditional Conservatism: Theory and Evidence," *Journal of Business Finance & Accounting* 42 (1 – 2), 2015, pp. 51 – 78.

［21］ Caramanis, C. , Lennox, C. , "Audit Effort and Earnings Management," *Journal of Accounting and Economics* 45 (1), 2008, pp. 116 – 138.

［22］ Carcello, J. V. , Zoe-Vonna Palmrose, "Auditor Litigation and Modified Reporting on Bankrupt Clients," *Journal of Accounting and Research* 32 (Supplement), 1994, pp. 1 – 30.

［23］ Chambers, D. , Payne, J. L. , "Audit Quality and Accrual Persistence: Evidence from the Pre-and Post-Sarbanes-Oxley Periods," *Managerial Auditing Journal* 26 (5), 2011, pp. 437 – 456.

［24］ Chan, D. K. , Wong, K. , "Scope of Auditors' Liability, Audit

Quality, and Capital Investment," *Review of Accounting Studies* 7 (1), 2002, pp. 97 - 122.

[25] Chan, D. K., Pae, S., "An Analysis of the Economic Consequences of the Proportionate Liability Rule," *Contemporary Accounting Research* 15 (4), 1998, pp. 457 - 480.

[26] Chan, K. H., Lin, K. Z. and Mo, P. L., "A Political-economic Analysis of Auditor Reporting and Auditor Switches," *Review of Accounting Studies* 11 (1), 2006, pp. 21 - 48.

[27] Chen, C., Chen, S. and Su, X., "Profitability Regulation, Earnings Management, and Modified Audit Opinions: Evidence from China," *Auditing*: *A Journal of Practice & Theory* 20 (2), 2001, pp. 9 - 30.

[28] Chen, C., Su, X. and Zhao, R., "An Emerging Market's Reaction to Initial Modified Audit Opinions: Evidence from the Shanghai Stock Exchange," *Contemporary Accounting Research* 17 (3), 2000, pp. 429 - 455.

[29] Chen, C. Y., Lin, C. J. and Lin, Y. C., "Audit Partner Tenure, Audit Firm Tenure, and Discretionary Accruals: Does Long Auditor Tenure Impair Earnings Quality?" *Contemporary Accounting Research* 25 (2), 2008, pp. 415 - 445.

[30] Chen, H., Chen, J. Z., Lobo, G. J. and Wang, Y., "Association Between Borrower and Lender State Ownership and Accounting Conservatism," *Journal of Accounting Research* 48 (5), 2010, pp. 973 - 1014.

[31] Chen, J. P., Chen, S. and Su, X., "Profitability Regulation, Earnings Management, and Modified Audit Opinions: Evidence from China," *Auditing*: *A Journal of Practice & Theory* 20 (1),

2001, pp. 9 – 30.

[32] Chen, S. , Sun, S. and Wu, D. , "Client Importance, Institutional Improvements, and Audit Quality in China: An Office and Individual Auditor Level Analysis," *The Accounting Review* 85 (1), 2010, pp. 127 – 158.

[33] Chen, S. , Su, X. and Wang, Z. , "An Analysis of Auditing Environment and Modified Audit Opinions in China: Underlying Reasons and Lessons," *International Journal of Auditing* 9 (3), 2006, pp. 165 – 185.

[34] Choi, J. H. , Kang, T. , Kwon, Y. K. and Zang, Y. , "Audit Quality, Legal and Disclosure Environments, and Analysts' Forecast Accuracy: Some International evidence," *Asia-Pacific Journal of Accounting & Economics* 12 (1), 2005, pp. 37 – 55.

[35] Choi, J. , Wong, T. J. , "Auditors' Governance Functions and Legal Environments: An International Investigation," *Contemporary Accounting Research* 24 (1), 2007, pp. 13 – 46.

[36] Choi, J. , Kim, J. , Liu, X. and Simunic, D. , "Audit Pricing, Legal Liability Regimes, and Big 4 Premiums: Theory and Cross-country Evidence," *Contemporary Accounting Research* 25 (1), 2008, pp. 55 – 99.

[37] Church, B. , Davis, S. and McCracken, S. , "The Auditor's Reporting Model: A Literature Overview and Research Synthesis," *Accounting Horizons* 22 (1), 2008, pp. 69 – 90.

[38] Clikeman, P. M. , Geiger, M. A. and Connell, B. T. O. , "Student Perceptions of Earnings Management: The Effects of National Origin and Gender," *Teaching Business Ethics* 5 (4), 2001, pp. 389 – 410.

[39] Dao, M., Mishra, S. and Raghunandan, K., "Auditor Tenure and Shareholder Ratification of the Auditor," *Accounting Horizons* 22 (3), 2008, pp. 297 – 314.

[40] Davis, L. R., Soo, B. S. and Trompeter, G. M., "Auditor Tenure and the Ability to Meet or Beat Earnings Forecasts," *Contemporary Accounting Research* 26 (2), 2009, pp. 517 – 548.

[41] DeAngelo, L. E., "Auditor Size and Auditor Quality," *Journal of Accounting and Economics* 3 (3), 1981, pp. 183 – 199.

[42] Dechow, P. M., Sloan, R. G. and Sweeney, A. P., "Detecting Earnings Management", *The Accounting Review* 70 (2), 1995, pp. 193 – 225.

[43] Dechow, P., Ge, W. and Schrand, C., "Understanding Earnings Quality: A Review of the Proxies, Their Determinants and Their Consequences," *Journal of Accounting and Economics* 50 (2 – 3), 2012, pp. 344 – 401.

[44] DeFond, M. L., Francis, J., "Audit Research After Sarbanes-Oxley," *Auditing*: *A Journal of Practice and Theory* 24 (Supplement), 2005, pp. 5 – 30.

[45] DeFond, M. L., Wong, T. J. and Li, S., "The Impact of Improved Auditor Independence on Audit Market Concentration in China," *Journal of Accounting and Economics* 28 (3), 1999, pp. 269 – 305.

[46] Deshpande, S. P., "Managers' Perception of Proper Ethical Conduct: The effect of Sex, Age, and Level of Education," *Journal of Business Ethics* 16 (1), 1997, pp. 79 – 85.

[47] Dopuch, N., King, R. R., "Negligence versus Strict Liability Regimes in Auditing: An Experimental Investigation," *The Ac-*

counting Review 67 (1), 1992, pp. 97 – 120.

[48] Dopuch, N., King R. R. and Schatzberg, J. W., "An Experimental Investigation of Alternative Damage-sharing Liability Regimes with an Auditing Perspective," *Journal of Accounting Research* 32 (Supplement), 1994, pp. 103 – 130.

[49] Dopuch, N., Holthausen, R. W. and Leftwich, R. W., "Predicting Audit Qualifications with Financial and Market Variables," *The Accounting Review* 62 (3), 1987, pp. 431 – 454.

[50] Dunn, K., Mayhew, B., "Audit Firm Industry Specialization and Client Disclosure Quality," *Review of Accounting Studies* 9 (1), 2004, pp. 35 – 58.

[51] Dye, R. A., "Auditing Standards, Legal Liability, and Auditor Wealth," *Journal of Political Economy* 101 (5), 1993, pp. 887 – 914.

[52] Dye, R. A., "Incorporation and the Audit Market," *Journal of Accounting and Economics* 19 (1), 1995, pp. 75 – 114.

[53] Earley, C. E., "The Differential Use of Information by Experienced and Novice Auditors in the Performance of Ill-structured Audit Tasks," *Contemporary Accounting Research* 19 (4), 2002, pp. 595 – 614.

[54] Eckel, C. C., Grossman, P. J., "Differences in the Economic Decisions of Men and Women: Experimental Evidence," *Handbook of Experimental Economics Results* 1 (7), 2008, pp. 509 – 519.

[55] Fellner, G., Maciejovsky, B., "Risk Attitude and Market Behavior: Evidence from Experimental Asset Markets," *Journal of Economic and Psychology* 28 (3), 2007, pp. 338 – 350.

[56] Firth, M., Mo, P. L. L. and Wong, R. M. K., "Auditor's Or-

ganizational Form, Legal Liability, and Reporting Conservatism: Evidence from China," *Contemporary Accounting Research* 29 (1), 2012, pp. 57 – 93.

[57] Francis, J., Maydew, E. and Sparks, H., "The Role of Big 6 Auditors in the Credible Reporting of Accruals," *Auditing: A Journal of Practice & Theory* 18 (2), 1999, pp. 17 – 34.

[58] Francis, J. R., "A Framework for Understanding and Researching Audit Quality, Auditing," *Auditing: A Journal of Practice & Theory* 30 (2), 2011, pp. 125 – 152.

[59] Francis, J. R., "What do We Know About Audit Quality?" *The British Accounting Review* 36 (4), 2004, pp. 345 – 368.

[60] Francis, J. R., Krishnan, J., "Accounting Accruals and Auditor Reporting Conservatism," *Contemporary Accounting Research* 16 (1), 1999, pp. 135 – 165.

[61] Francis, J., Yu, M., "The Effects of Big Four Office Size on Audit Quality," *The Accounting Review* 84 (5), 2009, pp. 1521 – 1552.

[62] Frank, R. H., *Passions Within Reason: The Strategic Role of the Emotions* (Norton New York, 1988).

[63] Ghosh, A., Moon, D., "Auditor Tenure and Perceptions of Audit Quality," *The Accounting Review* 80 (2), 2004, pp. 585 – 612.

[64] Givoly, D., Hayn, C., "The Changing Time-series Properties of Earnings, Cash Flows and Accruals: Has Financial Reporting Become More Conservative?" *Journal of Accounting & Economics* 29 (3), 2000, pp. 287 – 320.

[65] Gold, A., Hunton, J. E. and Gomaa, M., "The Impact of Client and Auditor Gender on Auditors' Judgments," *Accounting Horizons* 23 (1), 2009, pp. 1 – 18.

［66］ Gramling, A. A. , Schatzberg, J. W. , Bailey, A. D. and Zhang, H. , "The Impact of Legal Liability Regimes and Differential Client Risk on Client Acceptance, Audit Pricing, and Audit Effort Decisions," *Journal of Accounting, Auditing, and Finance*, 13 (Fall), 1998, pp. 437 – 460.

［67］ Guedhami, O. , Pittman, J. A. and Saffar, W. , "Auditor Choice in Privatized Firms: Empirical Evidence on the Role of State and Foreign Owners," *Journal of Accounting and Economics* 48 (2 – 3), 2009, pp. 151 – 171.

［68］ Gul, F. A. , Wu, D. and Yang, Z. , "Do Individual Auditors Affect Audit Quality? Evidence from Archival Data," *The Accounting Review* 88 (6), 2013, pp. 1993 – 2023.

［69］ Gunny, K. A. , Zhang, T. C. , "PCAOB Inspection and Audit Quality," *Journal of Accounting and Public Policy* 32 (2), 2013, pp. 136 – 160.

［70］ Hardies, K. , Breesch, D. and Branson, J. , "Are Female Auditors Still Women? Analyzing the Sex Differences Affecting Audit Quality," *SSRN Electronic Journal*, 2010.

［71］ Hersch, J. , "Smoking, Seat Belts, and Other Risky Consumer Decisions: Differences by Gender and Race," *Managerial and Decision Economics* 17 (5), 1996, pp. 471 – 481.

［72］ Hillegeist, S. A. , "Financial Reporting and Auditing Under Alternative Damage Apportionment Rules," *The Accounting Review* 74 (3), 1999, pp. 347 – 369.

［73］ Hope, O. , Langli, J. C. , "Auditor Independence in a Private Firm and Low Litigation Risk Setting," *The Accounting Review* 85 (2), 2010, pp. 573 – 605.

[74] Hsieh, Y., Tsai, Y., "Aggregate Audit Adjustments and Discretionary Accruals: Further Evidence on the Relation Between Audit Quality and Earnings Management," *SSRN Working Paper*, 2004.

[75] Hui, K., Matsunage, S. and Morse, D., "The Impact of Conservatism on Management Earnings Forecasts," *Journal of Accounting and Economics* 47 (3), 2009, pp. 192 – 207.

[76] Jiang, G., Lee, C. and Yue, H., "Tunneling Through Intercorporate Loans: The China Experience," *Journal of Financial Economics* 98 (1), 2010, pp. 1 – 20.

[77] Jones, J. J., "Earnings Management During Import Relief Investigation," *Journal of Accounting Research* 29 (2), 1991, pp. 193 – 228.

[78] Keller, A. C., Smith, K. T. and Smith, L. M., "Do Gender, Educational Level, Religiosity, and Work Experience Affect the Ethical Decision-making of U. S. Accountants?" *Critical Perspectives on Accounting* 18 (3), 2007, pp. 299 – 314.

[79] Kellogg R., "Accounting Activities, Securities Prices, and Class Action Lawsuits," *Journal of Law and Economics* 6 (3), 1984, pp. 185 – 204.

[80] Keung, E., Shih, M. S. H., "Measuring Discretionary Accruals: Are ROA-matched Models Better than Original Jones-type Models?" *Review of Accounting Studies* 19 (2), 2014, pp. 736 – 768.

[81] Khan, M., Watts, R. L., "Estimation and Empirical Properties of a Firm-year Measure of Accounting Conservatism," *Journal of Accounting and Economics* 48 (2), 2009, pp. 132 – 150.

[82] Khurana, I. K., Raman, K. K., "Litigation Risk and the Financial Reporting Credibility of Big 4 versus Non-big 4 Audits: Evidence from Anglo-American Countries," *The Accounting Review* 79

(2), 2004, pp. 473 – 495.

[83] Kim, J., Chung, R. and Firth, M., "Auditor Conservatism, Asymmetric Monitoring, and Earnings Management," *Contemporary Accounting Research* 20 (2), 2003, pp. 323 – 359.

[84] King, R. R., Schwartz, R., "Legal Penalties and Audit Quality: An Experimental Investigation," *Contemporary Accounting Research* 16 (4), 1999, pp. 685 – 710.

[85] Kinney W., Martin, R., "Does Auditing Reduce Bias in Financial Reporting? A Review of Audit-related Adjustment Studies," *Auditing: A Journal of Practice & Theory* 13 (Spring), 1994, pp. 149 – 159.

[86] Knechel, W. R., "Behavioral Research in Auditing and its Impact on Audit Education," *Issues in Accounting Education* 15 (4), 2000, pp. 695 – 712.

[87] Kothari, S. P., Leone, A. J. and Wasley, C. E., "Performance Matched Discretionary Accrual Measures," *Journal of Accounting and Economics* 39 (1), 2005, pp. 163 – 197.

[88] Kraus, K., Stromsten, T., "Going Public: The Role of Accounting and Shareholder Value in Making Sense of an IPO," *Management Accounting Research* 23 (3), 2012, pp. 186 – 201.

[89] Krishnan, G. V., "Audit Quality and the Pricing of Discretionary Accruals," *Auditing: A Journal of Practice & Theory* 22 (1), 2003, pp. 109 – 126.

[90] Krishnan, G. V., "Did Earnings Conservatism Increase for Former Andersen Clients?" *Journal of Accounting, Auditing and Finance* 22 (2), 2005, pp. 141 – 163.

[91] LaFond, W., Watts, R., "The Information Role of Conserva-

tism," *The Accounting Review* 83 （2）, 2008, pp. 447 – 478.

[92] Laux, V., Newman, D. P., "Auditor Liability and Client Acceptance Decisions," *The Accounting Review* 85 （1）, 2010, pp. 261 – 285.

[93] Lee, P., Stokes, D., Taylor, S. and Walter, T., "The Association Between Audit Quality, Accounting Disclosures and Firm-specific Risk: Evidence from Initial Public Offerings," *Journal of Accounting and Public Policy* 22 （5）, 2003, pp. 377 – 400.

[94] Lennox, C., "Do Companies Successfully Engage in Opinion-shopping?" *Evidence from the U. K. Journal of Accounting and Economics* 29 （2）, 2000, pp. 321 – 337.

[95] Lennox, C., "The Accuracy and Incremental Information Content of Audit Reports in Predicting Bankruptcy," *Journal of Business, Finance and Accounting* 26 （5 – 6）, 1999, pp. 757 – 778.

[96] Lennox, C., Li, B., "The Consequences of Protecting Audit Partners' Personal Assets from the Threat of Liability," *Journal of Accounting and Economics* 54 （2 – 3）, 2012, pp. 154 – 173.

[97] Lichenstein, S., Fischoff, B. and Philips, S., "Do Those Who Know more also Know more About how much They Know?" *Organizational Behavior and Human Performance* 20 （2）, 1977, pp. 159 – 183.

[98] Lim, C. Y., Tan, H. T., "Non-audit Service Fees and Audit Quality: The Impact of Auditor Specialization," *Journal of Accounting and Research* 40 （1）, 2008, pp. 199 – 246.

[99] Lin, Z. J., Liu, M., "The Impact of Corporate Governance on Auditor Choice: Evidence from China," *Journal of International Accounting, Auditing and Taxation* 18 （1）, 2009, pp. 44 – 59.

［100］ Liu, C. , Wang, T. , "Auditor Liability and Business Investment," *Contemporary Accounting Research* 23 (4) , 2006, pp. 1051 – 1071.

［101］ Lu, T. , Sapra, H. , "Auditor Conservatism and Investor Efficiency," *The Accounting Review* 84 (6) , 2009, pp. 1933 – 1958.

［102］ Lys, T. , Watts, R. , "Lawsuits Against Auditors," *Journal of Accounting Research* 32 (Supplement) , 1994, pp. 65 – 93.

［103］ Manuel, C. , "Big Auditors, Private Firms and Accounting Conservatism: Spanish Evidence," *European Accounting Review* 19 (1) , 2010, pp. 131 – 159.

［104］ Moore, G. , Scott, W. , "Auditors' Legal Liability, Collusion with Management, and Investors' Loss," *Contemporary Accounting Research* 5 (2) , 1989, pp. 754 – 774.

［105］ Muzatko, S. R. , Johnstone, K. M. , Mayhew, B. W. and Rittenberg, L. E. , "An Empirical Investigation of IPO Underpricing and the Change to the LLP Organization of Audit Firms," *Auditing: A Journal of Practice & Theory* 23 (1) , 2004, pp. 53 – 67.

［106］ Narayanan, V. G. , "An Analysis of Auditor Liability Rules," *Journal of Accounting Research* 32 (Supplement) , 1994, pp. 39 – 59.

［107］ Nelson, M. , "A Model and Literature Review of Professional Skepticism in Auditing," *Auditing: A Journal of Practice & Theory* 28 (2) , 2009, pp. 1 – 34.

［108］ Nelson, M. , Tan, H. , "Judgment and Decision Making Research in Auditing: A Task, Person, and Interpersonal Interaction Perspective," *Auditing: A Journal of Practice and Theory* 24 (Supplement) , 2005, pp. 41 – 71.

［109］ Pae, J. , "Unexpected Accruals and Conditional Accounting Conservatism," *Journal of Business Finance & Accounting* 34 (5 – 6), 2007, pp. 681 – 704.

[110] Pae, S. , Yoo, S. , "Strategic Interaction in Auditing: An Analysis of Auditors' Legal Liability, Internal Control System Quality, and Audit Effort," *The Accounting Review* 76 (3), 2001, pp. 333 – 356.

[111] Palmrose, Z. , "Litigation and Independent Auditors: The Role of Business Failures and Management Fraud," *Auditing: A Journal of Practice & Theory* 6 (Spring), 1987, pp. 90 – 103.

[112] Penman, S. H. , Zhang, X. J. , "Accounting Conservatism, the Quality of Earnings, and Stock Returns," *The Accounting Review* 77 (2), 2002, pp. 237 – 264.

[113] Pierre, K. , Anderson, J. A. , "An Analysis of the Factors Associated with Lawsuits Against Public Accountants," *The Accounting Review* 59 (2), 1984, pp. 242 – 263.

[114] Piot, C. , Janin, R. , "External Auditors, Audit Committees and Earnings Management in France," *European Accounting Review* 16 (2), 2007, pp. 429 – 454.

[115] Ramalingegowda, S. , Yu, Y. , "Institutional Ownership and Conservatism," *Journal of Accounting and Economics* 53 (s 1 – 2), 2012, pp. 98 – 114.

[116] Roosenboom, P. , Goot, T. and Mertens, G. , "Earnings Management and Initial Public Offerings: Evidence from the Netherlands," *The International Journal of Accounting* 38 (3), 2003, pp. 243 – 266.

[117] Roychowdhury, S. , Watts, R. L. , "Asymmetric Timeliness of Earnings, Market-to-book and Conservatism in Financial Repor-

ting," *Journal of Accounting and Economics* 44 (1 – 2), 2007, pp. 2 – 31.

[118] Ruddock, C. M. S., Taylor, S. J. and Taylor, S. L., "Non-audit Services and Earnings Conservatism: Is Auditor Independence Impaired?" *Contemporary Accounting Research* 23 (3), 2006, pp. 701 – 746.

[119] Schultz, J. J., Gustavson, S. G., "Actuaries' Perceptions of Variables Affecting the Independent Auditor's Legal Liability," *The Accounting Review* 53 (3), 1978, pp. 626 – 641.

[120] Schwartz, R., "Legal Regimes, Audit Quality and Investment," *The Accounting Review* 72 (3), 1997, pp. 385 – 406.

[121] Seetharaman, A., Gul, F. A. and Lynn, S. G., "Litigation Risk and Audit Fees: Evidence from UK Firms Cross-listed on US Markets," *Journal of Accounting and Economics* 33 (1), 2002, pp. 91 – 115.

[122] Shleifer, A., Vishny, R. W., "A Survey of Corporate Governance," *Journal of Finance* 52 (2), 1997, pp. 737 – 783.

[123] Shu, S. Z., "Auditor Resignations: Clientele Effects and Legal Liability," *Journal of Accounting and Economics* 29 (2), 2000, pp. 173 – 205.

[124] Smith, J. L., "Investors' Perceptions of Audit Quality: Effects of Regulatory Change," *Auditing: A Journal of Practice & Theory* 31 (1), 2012, pp. 17 – 38.

[125] Subramanyam, K. R., "The Pricing of Discretionary Accruals," *Journal of Accounting and Economics* 22 (1 – 3), 1996, pp. 250 – 281.

[126] Tan, H., "Effects of Expectations, Prior Involvement, and Re-

view Awareness on Memory for Audit Evidence and Judgment," *Journal of Accounting Research* 33 (1), 1995, pp. 113 – 135.

[127] Taylor, R. N. , "Age and Experience as Determinants of Managerial Information Processing and Decision Making Performance," *Academy of Management Journal* 18 (1), 1975, pp. 74 – 81.

[128] Teoh, S. , Welch, I. and Wong, T. , "Earnings Management and the Long-run Market Performance of Initial Public Offerings," *Journal of Finance* 53 (6), 1998, pp. 1935 – 1974.

[129] Thoman, L. , "Legal Damages and Auditor Efforts," *Contemporary Accounting Research* 13 (1), 1996, pp. 275 – 306.

[130] Trompeter, G. , "The Effect of Partner Compensation Schemes and Generally Accepted Accounting Principles on Audit Partner Judgment," *Auditing: A Journal of Practice & Theory* 13 (Fall), 1994, pp. 56 – 68.

[131] Venkataraman, R. , Weber, J. P. and Willenborg, M. , "Litigation Risk, Audit Quality, and Audit Fees: Evidence from Initial Public Offerings," *The Accounting Review* 83 (5), 2008, pp. 1315 – 1345.

[132] Wang, C. , Dou, H. , "Does the Transformation of Accounting Firms' Organizational Form Improve Audit Quality? Evidence from China," *China Journal of Accounting Research* 8 (4), 2015, pp. 279 – 293.

[133] Wang, Q. , Wong, T. J. and Xia, L. , "State Ownership, the Institutional Environment, and Auditor Choice: Evidence from China," *Journal of Accounting and Economics* 46 (1), 2008, pp. 112 – 134.

[134] Wang, R. Z. , Hogartaigh, C. and Zijl, T. , "Measures of Ac-

counting Conservatism," *Journal of Accounting Literature* 28 （September）, 2008, pp. 165 – 203.

[135] Watts, R. L., "Conservatism in Accounting Part Ⅱ: Evidence and Research Opportunities," *Accounting Horizons* 17 （4）, 2003, pp. 287 – 301.

[136] Wiersema, M. F., Bantel, K. A., "Top Management Team Turnover as an Adaptation Mechanism: The Role of the Environment," *Strategic Management Journal* 14 （7）, 1992, pp. 485 – 504.

[137] Yu, H., "Experimental Evidence of the Impact of Increasing Auditors' Legal Liability on Firms' New Investments," *Contemporary Accounting Research* 18 （3）, 2001, pp. 495 – 528.

[138] Yu, H., "Legal Systems and Auditor Independence," *Review of Accounting Studies*16 （2）, 2011, pp. 377 – 411.

[139] Zuckerman, M., *Behavioral Expressions and Biosocial Bases of Sensation Seeking* （ Cambridge, Cambridge University Press, 1994）.

[140] 曹建：《审计法律制度安排与投资者保护研究》，对外经济贸易大学硕士学位论文，2007。

[141] 柴珐：《关于完善我国会计师事务所组织形式的思考》，《中国注册会计师》2003 年第 9 期。

[142] 陈丽红等：《本土事务所转制对审计质量有影响吗？——基于双重差分模型的分析》，《投资研究》2015 年第 7 期。

[143] 陈小林等：《独立董事的财务专长、公司特质信息与盈余谨慎性》，《中国会计与财务研究》2010 年第 12 期。

[144] 陈小林、林昕：《盈余管理、盈余管理属性与审计意见——基于中国证券市场的经验证据》，《会计研究》2011 年第 6 期。

［145］陈小林、张雪华：《会计师事务所转制提高了审计质量吗？——基于事务所转制前后的纵向分析》，《会计论坛》2016 年第 1 期。

［146］陈小林等：《事务所转制、审计师个人特征与会计稳健性》，《会计研究》2016 年第 6 期。

［147］陈信元、夏立军：《审计任期与审计质量：来自中国证券市场的经验证据》，《会计研究》2006 年第 1 期。

［148］陈颖：《美国会计师事务所的组织形式》，《中国注册会计师》2004 年第 10 期。

［149］初宜红、罗怀敬：《谈注册会计师执业质量低下的原因及其对策》，《山东审计》2000 年第 5 期。

［150］丁利等：《签字注册会计师个人特征与审计质量》，《山西财经大学学报》2012 年第 8 期。

［151］冯延超、梁莱歆：《上市公司法律风险、审计收费及非标准审计意见》，《审计研究》2010 年第 3 期。

［152］耿红娟：《会计师事务所转制对审计质量的影响》，《中国注册会计师》2014 年第 8 期。

［153］郭春林：《基于签字注册会计师特征与独立审计质量的实证研究》，《经济问题》2014 年第 1 期。

［154］郭丹：《特殊普通合伙制下注册会计师法律责任确认与承担的几个关键问题》，《中国注册会计师》2012 年第 3 期。

［155］郭景祥：《注册会计师审计质量的影响因素探讨》，《中国注册会计师》2010 年第 8 期。

［156］何海、黄彤：《代理成本与会计师事务所组织形式》，《内蒙古财经学院学报》2004 年第 3 期。

［157］何巧平：《我国会计师事务所组织形式的制度改革研究》，上海大学硕士学位论文，2009。

［158］胡继荣、詹群：《注册会计师法律责任与审计质量的关联性研

究》,《福州大学学报》(哲学社会科学版) 2010 年第 4 期。

[159] 黄洁莉:《英、美、中三国会计师事务所组织形式演变研究》,《会计研究》2010 年第 7 期。

[160] 纪益成:《会计师事务所合伙制问题研究》,《会计研究》2000 年第 4 期。

[161] 蒋尧明:《特殊普通合伙制会计师事务所合伙人及其与非合伙人之间民事责任的配置研究》,《当代财经》2014 年第 9 期。

[162] 蒋尧明:《特殊普通合伙制会计师事务所民事赔偿保障制度的建立和完善》,《当代财经》2012 年第 10 期。

[163] 蒋尧明:《特殊普通合伙制会计师事务所民事责任的特征及其合伙人民事责任的配置研究》,《当代财经》2013 年第 11 期。

[164] 蒋尧明:《有限责任合伙制会计师事务所民事责任若干疑难问题研究》,《当代财经》2010 年第 10 期。

[165] 雷光勇、曹建:《法律责任、审计质量与最佳投资水平》,《当代财经》2008 年第 3 期。

[166] 李东平等:《"不清洁"审计意见、盈余管理与会计师事务所变更》,《会计研究》2001 年第 6 期。

[167] 李江涛等:《会计师事务所转制政策对审计定价的影响》,《审计研究》2013 年第 2 期。

[168] 李若山、何红:《我国注册会计师法律责任的演变及社会因素探讨》,《审计研究》1999 年第 3 期。

[169] 李远鹏、李若山:《是会计盈余稳健性,还是利润操纵?——来自中国上市公司的经验证据》,《中国会计与财务研究》2005 年第 7 期。

[170] 李增泉、卢文彬:《会计盈余的稳健性:发现与启示》,《会

计研究》2003 年第 2 期。

[171] 刘彬、韩传模：《会计舞弊公司审计质量与事务所组织形式研究——基于处罚公告的博弈分析》，《会计之友》2011 年第 7 期。

[172] 刘斌等：《多客户审计、审计公司组织形式与审计失败》，《审计研究》2008 年第 1 期。

[173] 刘丹：《会计师事务所组织形式与客户企业盈余管理》，《经济问题》2014 年第 2 期。

[174] 刘峰、周福源：《国际四大意味着高审计质量吗？——基于会计稳健性角度的检验》，《会计研究》2007 年第 3 期。

[175] 刘更新、蔡利：《审计管制、审计责任与审计质量研究——基于法律标准不确定性影响的分析》，《审计研究》2010 年第 3 期。

[176] 刘行健、王开田：《会计师事务所转制对审计质量有影响吗?》，《会计研究》2014 年第 4 期。

[177] 刘启亮等：《会计师事务所组织形式、法律责任与审计质量——基于签字审计师个体层面的研究》，《会计研究》2015 年第 4 期。

[178] 刘燕：《有限责任合伙解析》，《中国注册会计师》2001 年第 11 期。

[179] 刘燕：《在合伙与公司间踯躅前行——美国会计师事务所组织形式的演变与企业组织法律制度的创新》，《中国注册会计师》2003 年第 1 期。

[180] 柳木华：《会计师事务所组织形式选择的风险分析框架》，《中国注册会计师》2007 年第 8 期。

[181] 陆永凤、吴青川：《事务所改制能提高审计质量吗？——基于中国资本市场的经验证据》，《会计与经济研究》2014 年第 5 期。

[182] 逯颖:《会计师事务所组织形式对审计质量的影响》,《审计与经济研究》2008 年第 6 期。

[183] 罗春华等:《注册会计师个人特征与会计稳健性研究》,《审计研究》2014 年第 1 期。

[184] 罗党论、黄旸杨:《会计师事务所任期会影响审计质量吗?——来自中国上市公司的经验证据》,《中国会计评论》2007 年第 6 期。

[185] 吕鹏、陈小悦:《有限责任制、无限责任制与审计质量:一个博弈视角》,《审计研究》2005 年第 2 期。

[186] 孟平、卢联生:《海峡两岸注册会计师责任研究》,《会计研究》2002 年第 8 期。

[187] 聂曼曼等:《会计师事务所转制对审计质量的影响研究——来自上市公司的经验证据》,《南京审计学院学报》2014 年第 5 期。

[188] 秦荣生:《论注册会计师的法律责任》,《审计研究》1997 年第 5 期。

[189] 曲晓辉、邱月华:《强制性制度变迁与盈余稳健性》,《会计研究》2007 年第 7 期。

[190] 申慧慧等:《环境不确定性与审计意见:基于股权结构的考察》,《会计研究》2010 年第 12 期。

[191] 沈辉、肖小凤:《会计师事务所法律责任与审计收费溢价》,《审计与经济研究》2013 年第 6 期。

[192] 沈玉清等:《审计任期、公司治理与盈余质量》,《审计研究》2009 年第 2 期。

[193] 施丹、程坚:《审计师性别对审计质量、审计收费的影响——来自中国的经验证据》,《审计与经济研究》2011 年第 5 期。

[194] 宋衍蕻、肖星:《监管风险、事务所规模与审计质量》,《审

计研究》2012 年第 3 期。

[195] 宋衍蘅、殷德全：《会计师事务所变更、审计收费与审计质量》，《审计研究》2005 年第 2 期。

[196] 宋衍蘅：《审计风险、审计定价与相对谈判能力——以受监管部门处罚或调查的公司为例》，《会计研究》2011 年第2 期。

[197] 孙鹏：《会计师事务所组织形式与审计谈判研究》，南开大学博士学位论文，2010。

[198] 汤云为：《从有限责任制到合伙制，我的一点看法》，《财务与会计》2002 年第 6 期。

[199] 王朝阳等：《会计师事务所组织形式研究综述与展望》，《湖南社会科学》2012 年第 4 期。

[200] 王成方、刘慧龙：《国有股权与公司 IPO 中的审计师选择行为及动机》，《会计研究》2014 年第 6 期。

[201] 王春飞、陆正飞：《事务所"改制"、保险价值与投资者保护》，《会计研究》2014 年第 5 期。

[202] 王红梅、彭志国：《浅谈注册会计师的法律责任》，《审计研究》1999 年第 4 期。

[203] 王晓等：《会计师事务所组织形式的不同及变更会影响审计费用吗?》，《管理评论》2015 年第 27 期。

[204] 吴昊旻等：《惩戒风险、事务所规模与审计质量——来自中国审计市场的经验证据》，《审计研究》2015 年第 1 期。

[205] 吴联生、刘慧龙：《中国审计实证研究：1999 - 2007》，《审计研究》2008 年第 2 期。

[206] 吴水澎、李奇凤：《国际四大、国内十大与国内非十大的审计质量——来自 2003 年中国上市公司的经验证据》，《当代财经》2006 年第 2 期。

［207］ 吴伟荣、刘亚伟：《公共压力与审计质量》，《审计研究》2015 年第 2 期。

［208］ 吴溪：《审计失败中的审计责任认定与监管倾向：经验分析》，《会计研究》2007 年第 7 期。

［209］ 武恒光：《法律环境、法律责任与审计师独立性》，《财经论丛》2015 年第 2 期。

［230］ 夏立军、方轶强：《政府控制、治理环境与公司价值》，《经济研究》2005 年第 5 期。

［231］ 夏立军、杨海斌：《注册会计师对上市公司盈余管理的反应》，《审计研究》2002 年第 4 期。

［232］ 肖成民、吕长江：《利润操纵行为影响会计稳健性吗?》，《会计研究》2010 年第 9 期。

［233］ 肖作平：《公司治理影响审计质量吗?》，《管理世界》2006 年第 7 期。

［234］ 肖作平等：《特殊普通合伙制、签字合伙人身份与审计质量》，《证券市场导报》2016 年第 11 期。

［235］ 徐浩萍：《会计盈余管理与独立审计质量》，《会计研究》2004 年第 1 期。

［236］ 徐晋涛等：《退耕还林：成本有效性、结构调整效应与经济可持续性——基于西部三省农户调查的实证分析》，《经济学》（季刊）2004 年第 1 期。

［237］ 闫焕民等：《事务所转制是否影响审计定价策略——来自我国上市公司的经验证据》，《审计研究》2015 年第 5 期。

［238］ 闫焕民：《注册会计师个体特征与审计质量》，江西财经大学博士学位论文，2015。

［239］ 颜军等：《注册会计师审计责任研究》，《审计研究》2004 年第 6 期。

[240] 杨俊峰等:《会计师事务所组织形式与审计质量关系的文献综述》,《经济与管理》2015年第11期。

[241] 杨崎左:《会计师事务所组织形式的比较和借鉴》,上海交通大学硕士学位论文,2007。

[242] 杨涛、赵丽娟:《会计师事务所组织形式的产权分析》,《中国注册会计师》2006年第4期。

[243] 杨学华:《中国会计师事务所组织形式的研究》,长沙理工大学硕士学位论文,2003。

[244] 叶琼燕、于忠泊:《审计师个人特征与审计质量》,《山西财经大学学报》2011年第2期。

[245] 叶向阳、盛军锋:《论我国会计师事务所组织形式的选择》,《北京工商大学学报》(社会科学版)2003年第4期。

[246] 于恒等:《英国会计师事务所组织形式的演变及其对我国的启示》,《审计与经济研究》2002年第6期。

[247] 于鹏:《股权结构与财务重述:来自上市公司的证据》,《经济研究》2007年第9期。

[248] 余玉苗、陈波:《资产特征、治理结构与会计师事务所组织形式》,《审计研究》2002年第5期。

[249] 原红旗、韩维芳:《签字会计师的执业特征与审计质量》,《中国会计评论》2012年第3期。

[250] 原红旗、李海建:《会计师事务所组织形式、规模与审计质量》,《审计研究》2003年第1期。

[251] 张俊生、张琳:《特殊普通合伙制让审计师更稳健了吗?——来自中国会计师事务所转制的经验证据》,《会计与经济研究》2014年第7期。

[252] 张胜等:《会计师事务所组织形式变迁与投资者利益保护——〈关于推动大中型会计师事务所采用特殊普通合伙组织形式的

暂行规定〉的公告效应》，《财贸研究》2015 年第 1 期。

［253］张雪华、陈小林：《特殊普通合伙制、客户潜在诉讼风险与盈余管理》，《当代财经》2015 年第 7 期。

［254］张兆国等：《会计稳健性计量方法的比较与选择》，《会计研究》2012 年第 2 期。

［255］章永奎、刘峰：《盈余管理与审计意见相关性实证研究》，《中国会计与财务研究》2002 年第 1 期。

［256］郑国坚等：《大股东财务困境、掏空与公司治理的有效性——来自大股东财务数据的证据》，《管理世界》2013 年第 5 期。

［257］周中胜：《会计师事务所组织形式与审计收费》，《江西财经大学学报》2014 年第 2 期。

［258］朱小平、叶友：《会计师事务所法律组织形式的企业理论观点——为什么应采取合伙制而不应采取有限公司制》，《会计研究》2003 年第 7 期。

［259］注册会计师行业行政管理问题研究课题组：《注册会计师行业行政管理：理论、现状与对策》，《会计研究》2005 年第 3 期。

后　记

　　守得云开，方见月明。本书是在博士学位论文基础上修改完成的。依稀记得几年前博士研究生入学典礼上踌躇满志的我们裙角飞扬，倔强便是我们全部的行囊，因为我们懂得，那是梦开始的地方。四载春秋，我们坚守着信仰，秉承着理想，倔强地成长，或许仍未迸发芬芳，但一种坚强，已经在心中默默生长。感恩有你，俟实扬华，我们已然走在路上。

　　饮水思源，眷眷师恩。感谢我们年轻可亲的导师肖作平教授。肖老师对学术研究的满腔热忱和对科研工作的执着追求深深地感染着我们，开启了我们学术研究的大门，并一路引领着我们在学术的海洋里勇往直前。肖老师时常教育我们做研究不能墨守成规、因循守旧，要勇于突破、大胆创新，他对学术研究的独到见解和深刻领悟，头脑风暴般迸发的灵感与火花经常令我们醍醐灌顶，豁然开朗。同时，他又常常告诫我们做学术并无捷径可走，要脚踏实地、一丝不苟、厚积薄发，也要博识广记、精读细研、精益求精，还要笔耕不辍、持之以恒，这样才能思如泉涌、水到渠成。总之，肖老师是我们"肖门"号远洋求知舰队的总舵手，也是"肖门"生活圈中的主心骨，是良师，亦为益友，他和师母王老师待我们像家人般，让我们"肖门"兄弟姐妹亲如一家人，也让我真切感受到成都是一个来了就不想离开的地方。

　　言传身教，授业解惑。感谢博士学位论文的另外两位指导老师黄登仕教授和王建琼教授。从选题开始，黄老师和王老师的认可和肯定成为对我最大的鼓励。同时，在论文的撰写过程中，他们从论文的结构、研究设计、研究方法和理论分析等方面提出了诸多具体的修改意见和建议，使得论文的整体结构更加合理，研究设计和研究方法更加严谨，论文整体质量大幅提高。再次衷心感谢两位老师的悉心指导和大力帮助！感谢南昌大学经管学院贾建民、贾志永、黄登仕、王建琼、胡培、朱宏泉、史本山、范莉莉、叶勇、魏宇、周嘉南、袁宏平、董大勇、叶子荣、谭德庆、高增安、王成璋、马祖军、谭滨、聂佳佳、萨姆、沈中华等众多老师，他们将宝贵的学术研究经验和方法以课堂教学形式或精彩的学术报告方式传授给了我们，拓展了我们的学术研究视野，同时增强了我们的理论研究基础，成为我整体学术构架中不可或缺的重要组成部分。另外，特别感谢经管学院的符建云老师、陈静老师在论文提交、审核、答辩过程中不辞辛劳，不厌其烦地提醒与协助，向你们细致周到的工作致敬。

巴山夜雨时，后会亦有期。在此，我要特别感谢与我共同奋斗在眷诚斋一线的同学们，他们是我的同门、同学、师兄、师姐、师弟、师妹，也是值得我珍惜一生的挚友。他们中有对我苦口婆心的师兄尹林辉、张子健、姚志刚，师姐梁利辉、黄毓慧，有不厌其烦、为我两肋插刀的同门王伟，有无微不至、仗义行侠的师弟李余、李涛、陈永怀，师妹杨娇、乔晓琴、何兴星，有推心置腹、亦师亦友的异门师兄陈林、陈效东、张帮正、陆贤伟，师姐李云红、胡萍，还有肝胆相照的同窗刘计含、李颖慧、薛晋洁、陈良勇、马峰、蒲波、姚珊珊、唐甜甜、庄晓洋、梅德祥、秦璐，也有志趣相投、促膝相谈的好姐妹许胜男、潘宁宁。他们共同见证了我攻读博士学位期间的学习和成长，无论以后我们将各自战斗在哪块土地上，他们都是我感念一生的美好回忆和人生财富。

感恩之情，溢于言表。我要特别感谢读取博士学位之前我所在工作单位九江学院会计学院的领导陈小林教授，陈教授是我学术研究的启蒙者和引路人，不仅如此，在我整个攻读博士学位期间他都给予了大量指导和鼓励，是我顺利完成学业的重要原动力。陈教授严谨的科研态度、饱满的学术热情和高尚的人格魅力是我前进的灯塔，始终激励着我不断前行，由衷地感谢陈教授的无私帮助和支持！感谢九江学院会计学院的肖国丰书记、张国伟院长、蔡报纯院长、许松涛主任，他们的理解和支持、宽容与帮助使我的求学生涯少了许多后顾之忧。另外，我要感谢江西财经大学的谢盛纹教授。谢老师曾是我的硕士研究生导师，也将是我一生的导师，谢老师谦逊豁达、厚德载物，他每每的抛砖引玉和犀利点评都让我茅塞顿开、豁然开朗，对我的鼓励和支持更是让我觉得他如亲人般温暖。感谢对外经贸大学的郑建明教授，他的科研精神和治学态度同样是我的人生标杆，他的默默支持和不断鼓励成就了自信自强的我。

因为有你，所以美丽。感谢与我曾经在同一个讲台默默付出过的同事——部雅玲老师、张梦梦老师、胡淑娟老师、彭赤兵老师、韩晓颖老师、马喆老师、熊斌老师、蒋翠老师、王萍老师、汪付荣老师、吴娜老师、卢凌老师、王凤老师、王秋红老师、袁德利老师、段春明老师、岳长征老师、胡胜老师，他们的每一次"接风洗尘"，每一句"早睡晚安"，每一个"早日毕业"，都是我无数次心灰意冷、黯然伤神之后，屡败屡战、再接再厉的有力精神支撑。感谢好友卢展展、陈澹、齐洁、唐衍军、李文娟、王燕、王蕾、李娓娓、赖丽珍、吴楠楠、张岱君、陈美香、刘岩松等人四年来对我的默默关心，他们的期许和鞭策是我前行的驱动力。感谢南昌大学的闫焕民老师、江西财经大学的刘杨晖老师、暨南大学的王红建老师，他们在我的论文撰写和数据处理上给予了多次无偿无私的指导和帮助，衷心感谢三位年轻博士的鼎力相助。

　　你若安好，便是晴天。搁笔之际，我要感恩我的家人。首先是我的父母，从未让你们骄傲，你们却待我如至宝，你们以最无私宽容的爱包容着一个三十多岁大龄女博士的任性和脆弱，以并不富裕的生活保障着我完成学业，你们不再年轻，却一直呵护着我时而孤独漂泊的心灵，四载的望眼欲穿守得如今两鬓斑白、年逾花甲，太多愧疚与感恩非言语所能描述，一纸毕业证书或是最大宽慰。未来的日子，唯愿我有能力报答，而你们仍然健康。还有我的公婆，你们的身体并不十分康健，却是我们小家庭的坚强后盾，有力地保障着我们各自学业和工作的开展，你们的充分信任和关爱，对我是最大的激励，以后的时光，希望你们依然健康，而我们可以有更多时间陪伴你们慢慢变老。再有我的妹妹张秀秀博士，始终以她"学霸"的独特方式鞭策着我早日顺利完成学业，是亲友团中能够充分理解并尊重大龄女博士的中坚力量。最后是我的爱人，繁华落尽，终有你在灯火阑珊处。人生只若如初见，感恩有你，且行且珍惜。

　　"格物致新，厚德泽人"，南昌大学秉承追求真理、人文日新的精神，以服务于整个人类社会的进步与幸福为己任，激励着我们为实现南昌大学教学科研的蓬勃发展不懈努力。

　　行文至此，感恩所有，未来的日子，只愿大家携手共进。最后，祝愿大家身体健康、工作顺利、心随所愿。

张雪华

二〇一八年一月

图书在版编目（CIP）数据

会计师事务所转制对审计质量的影响研究／张雪华
著. -- 北京：社会科学文献出版社，2018.3
ISBN 978 - 7 - 5201 - 2311 - 2

Ⅰ.①会… Ⅱ.①张… Ⅲ.①会计师事务所 - 审计质
量 - 研究 - 中国 Ⅳ.①F239.22

中国版本图书馆 CIP 数据核字（2018）第 037916 号

会计师事务所转制对审计质量的影响研究

著　　者／张雪华

出 版 人／谢寿光
项目统筹／高　雁
责任编辑／颜林柯

出　　版／社会科学文献出版社·经济与管理分社（010）59367226
　　　　　　地址：北京市北三环中路甲 29 号院华龙大厦　邮编：100029
　　　　　　网址：www.ssap.com.cn
发　　行／市场营销中心（010）59367081　59367018
印　　装／北京季蜂印刷有限公司

规　　格／开　本：787mm×1092mm　1/16
　　　　　　印　张：13　字　数：175 千字
版　　次／2018 年 3 月第 1 版　2018 年 3 月第 1 次印刷
书　　号／ISBN 978 - 7 - 5201 - 2311 - 2
定　　价／75.00 元